A-Z BARN

Key to Maps

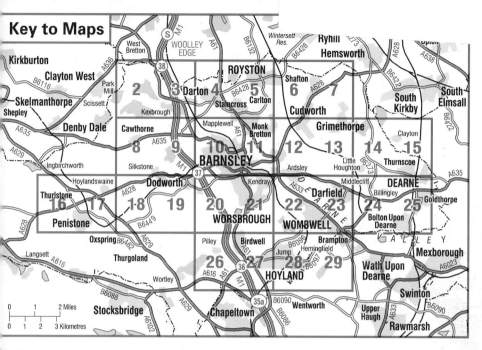

		2	3 Darton	4	5 Carlton	6	7
8	9	10	11	12	13	14	15
16	17	18	19	20	21	22	23	24	25
		26	27	28	29		

West Bretton · WOOLLEY EDGE · Wintersett Res. · Ryhill · Hemsworth · Kirkburton · Clayton West · Park Mill · ROYSTON · Shafton · Skelmanthorpe · Scissett · Staincross · Cudworth · South Kirkby · South Elmsall · Shepley · Kexbrough · Denby Dale · Cawthorne · Mapplewell · Monk Bretton · Grimethorpe · Clayton · Ingbirchworth · Silkstone · BARNSLEY · Ardsley · Little Houghton · Thurnscoe · Hoylandswaine · Dodworth · Kendray · Middlecliff · DEARNE · Thurlstone · Darfield · Billingley · Goldthorpe · Penistone · WORSBROUGH · WOMBWELL · Bolton Upon Dearne · Oxspring · Pilley · Birdwell · Jump · Brampton · Hemingfield · Mexborough · Langsett · Thurgoland · HOYLAND · Wath Upon Dearne · Wortley · Swinton · Stocksbridge · Chapeltown · Wentworth · Upper Haugh · Rawmarsh

0 1 2 Miles
0 1 2 3 Kilometres

Reference

Scale

1:19,000
3.33 Inches to 1 Mile

0 ¼ ½ ¾ Mile

0 250 500 750 Metres 1 Kilometre

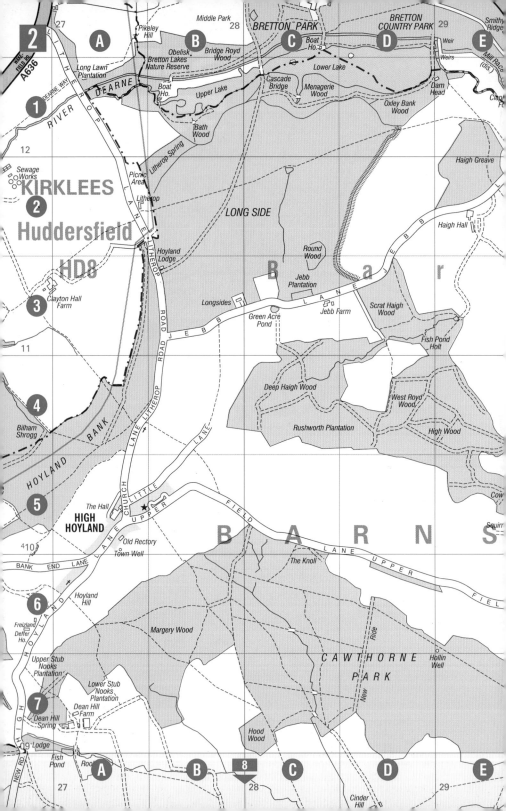

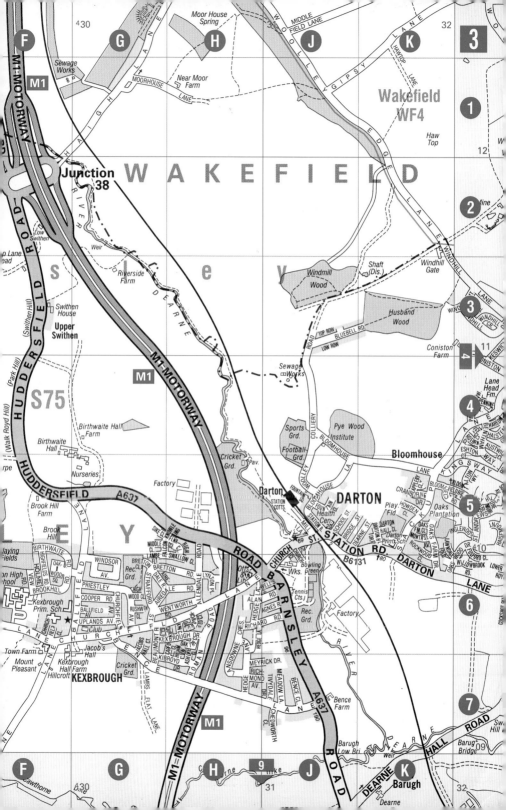

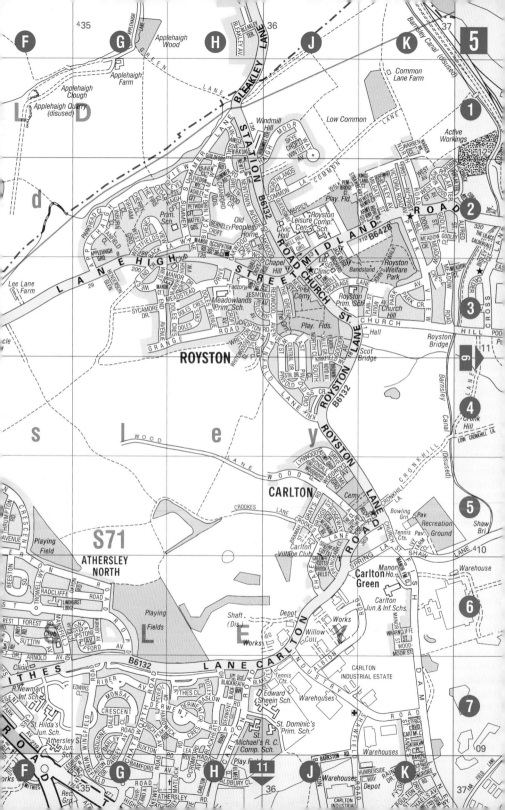

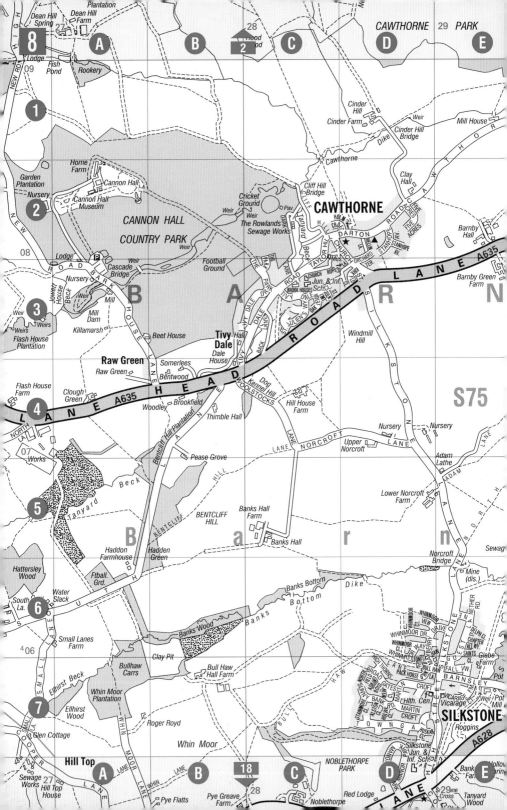

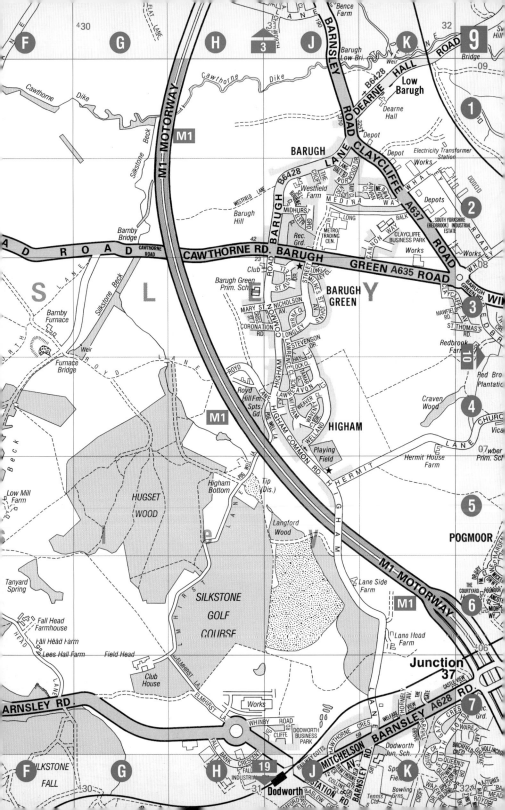

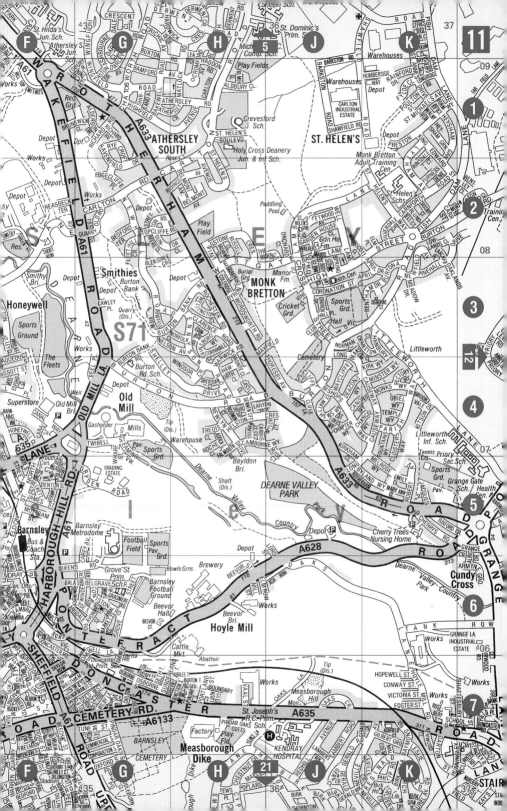

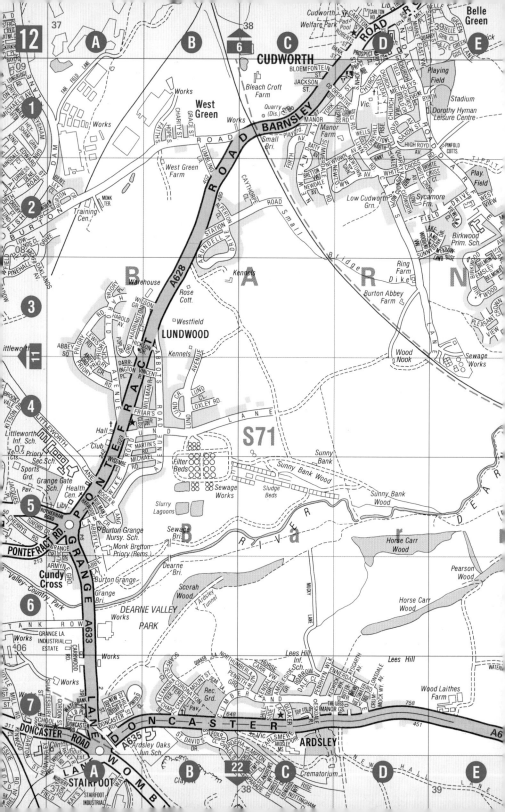

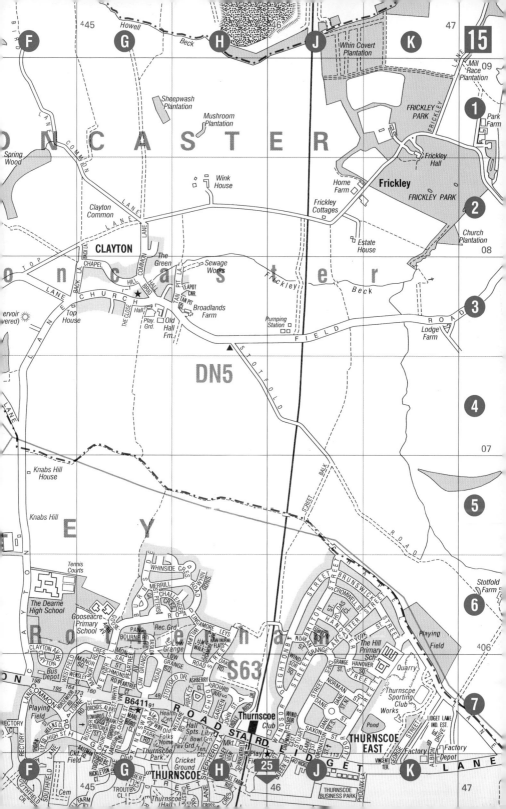

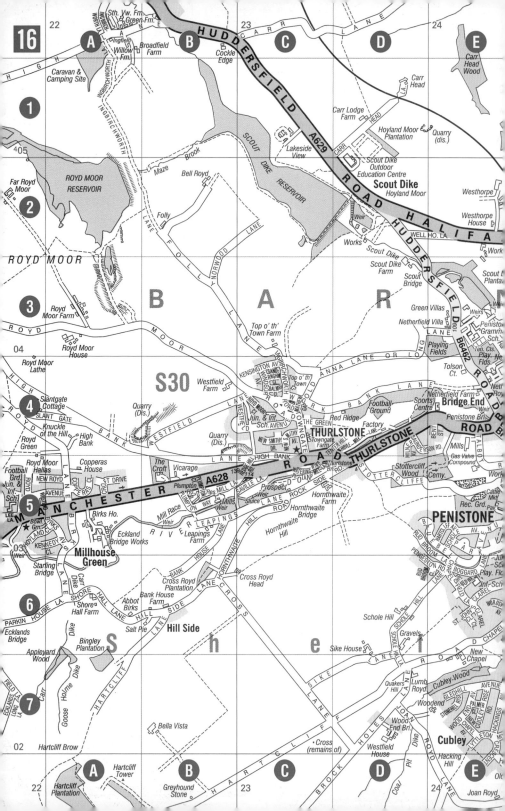

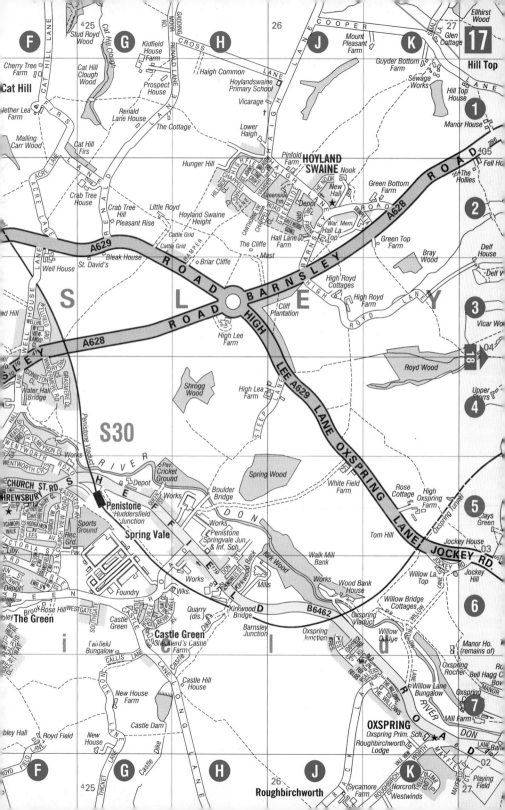

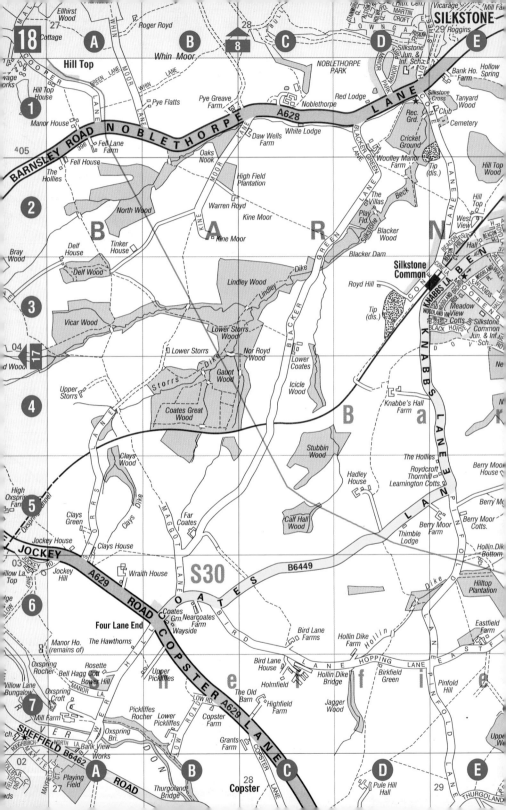

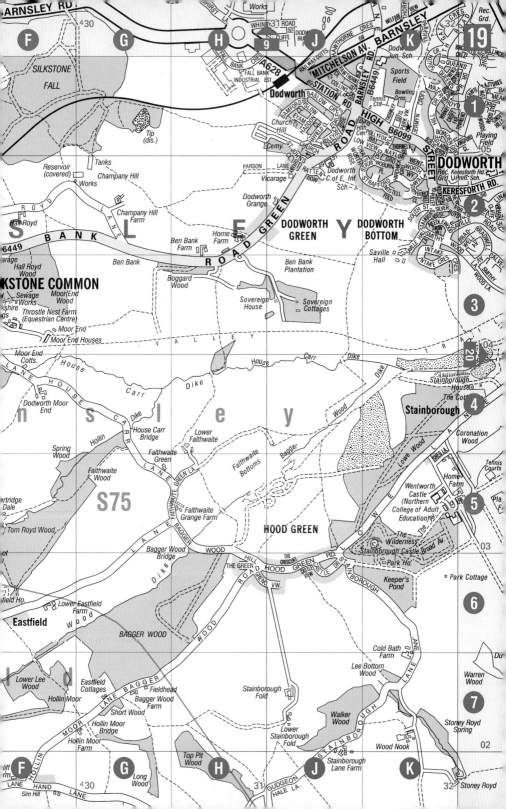

ARNSLEY RD.

F **G** **H** **J** **K** **19**

SILKSTONE FALL

Works
Whiran 31 Road
Cliffe
Dodw Bus.
Railway Cotts
Fall Bank
Fall Bank Industrial Est.
A628 STATION
Dodworth
MITCHELSON AV. BARNSLEY RD.
HIGH STREET
Dodw Jun. Sch.
Sports Field
Bowling Grns
Tennis Cts
Playing Field 405

1

Reservoir (covered)
Tanks
Works
Champany Hill
Champany Hill Farm
Hall Royd
ROYD LANE
BANK
Hall Royd Wood
6449
Ben Bank Farm
Home Farm
Ben Bank
Boggard Wood
ROAD GREEN
DODWORTH GREEN
DODWORTH BOTTOM
Saville Hall
Ben Bank Plantation
Sovereign House
Sovereign Cottages
Church Hill
L. Cemy.
Vicarage
PARSON LANE
Dodworth Grange
Dodworth C. of E. Inf. Sch.

DODWORTH
Rec. Keresforth Rd. Grd. Prim. Sch.
KERESFORTH RD.

2

3

SILKSTONE COMMON
Sewage Works
Moor End Wood
Throstle Nest Farm (Equestrian Centre)
Moor End
Moor End Houses
Moor End Cotts.
Dodworth Moor End
HOUSE CARR LANE
House Carr Dike
VALLEY
House Carr Dike
Carr Dike
Wood
Stainborough House
The Cott
Stainborough
Coronation Wood

20

4

Spring Wood
Falthwaite Wood
Hollin
House Carr Bridge
Lower Falthwaite
Falthwaite Green
Falthwaite Green La.
FALTHWAITE GREEN LA.
Falthwaite Bottoms
Bagger
Lower Wood
Wentworth Castle (Northern College of Adult Education)
Home Farm
Tennis Courts
SHELA LA.

5

S75
Cartridge Dale
Tom Royd Wood
Falthwaite Grange Farm
BAGGER LANE
HOOD GREEN
The Wilderness
Stainborough Castle Broad Av.
Park Ho.
Keeper's Pond
Park Cottage

6

Bagger Wood Bridge
Dike
BAGGER WOOD
HILL ROAD
HOOD GREEN RD.
THE GREEN
THE CRESCENT
VW.
STAINBOROUGH RD.
CASTLE DR.
Cold Bath Farm
Lee Bottom Wood
Warren Wood
Du

Eastfield
Lower Eastfield Farm
WOOD
field Ho.

7

Lower Lee Wood
Hollin Moor
Eastfield Cottages
BAGGER LANE
Fieldhead
Bagger Wood Farm
Short Wood
Hollin Moor Bridge
Hollin Moor Farm
HOLLIN MOOR LANE
HAND LANE
Sim Hill
Stainborough Fold
Lower Stainborough Fold
Walker Wood
Top Pit Wood
STAINBOROUGH LANE
Wood Nook
Stainborough Lane Farm
Warren Wood
Stoney Royd Spring
Stoney Royd
GUDGEON HALE LA.

F **G** **H** **J** **K**

430 31 32

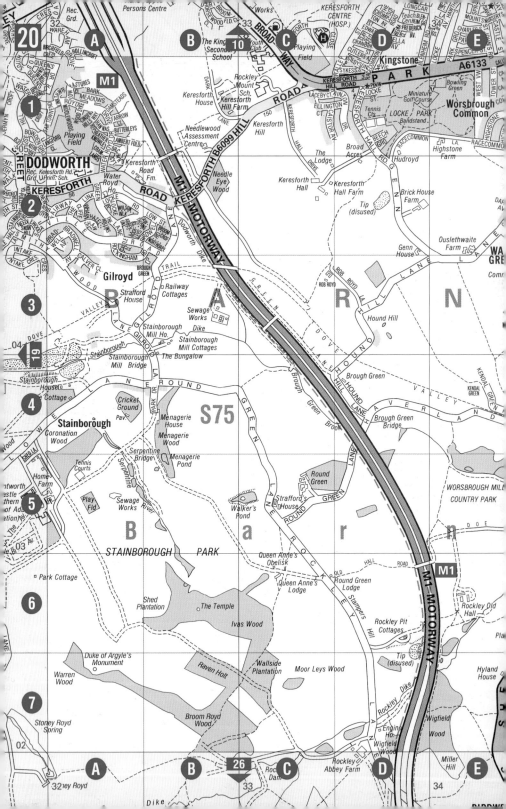

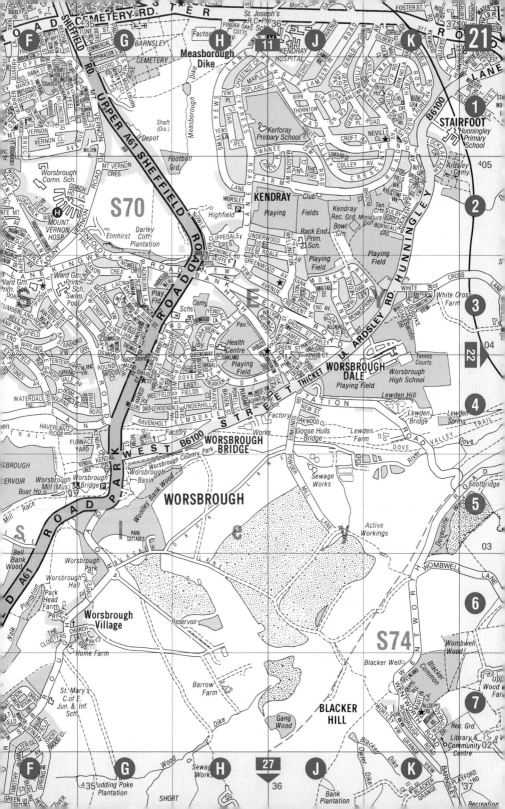

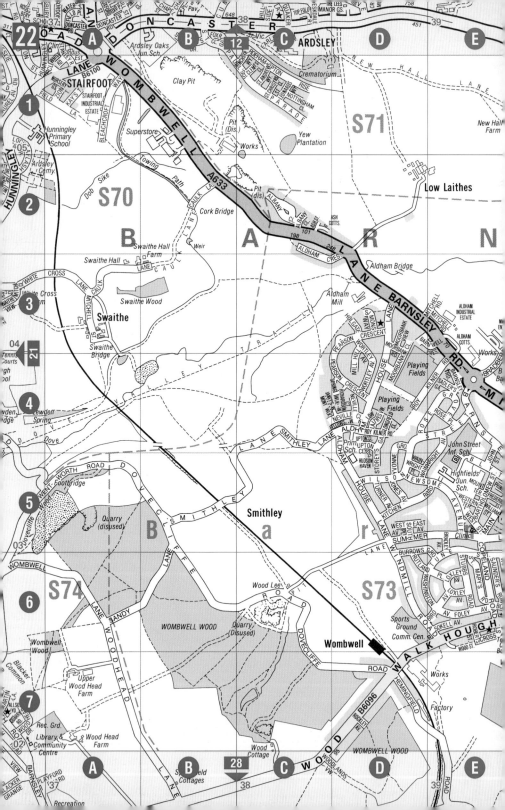

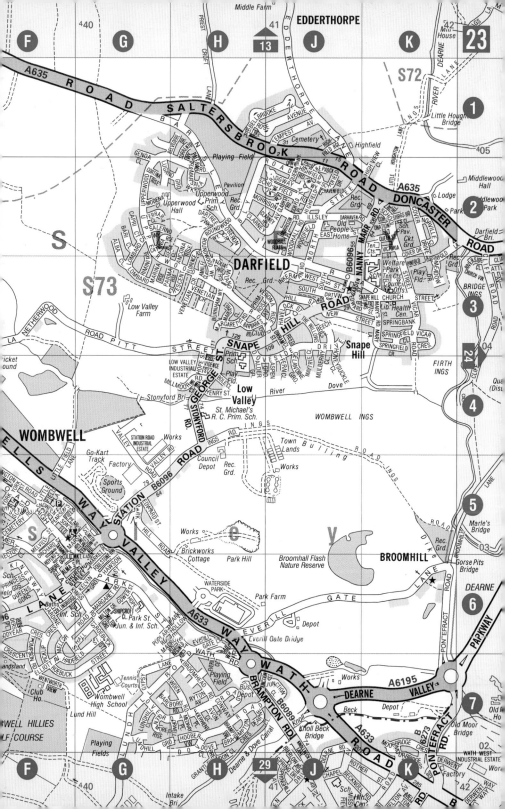

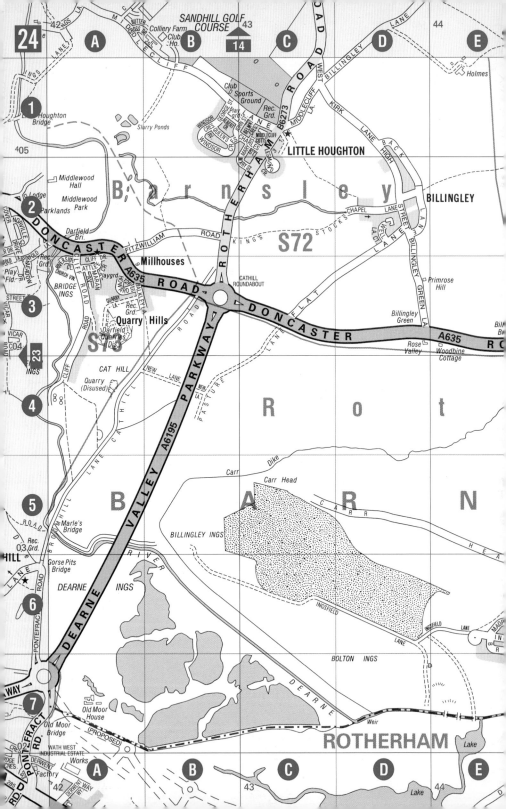

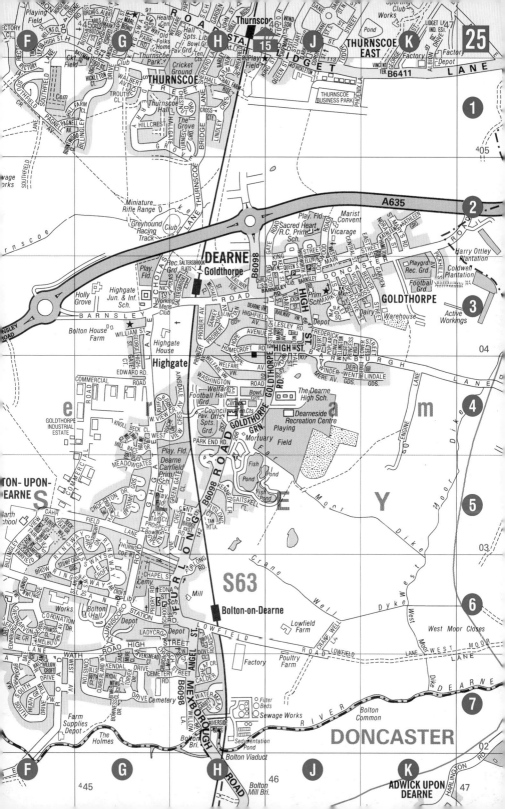

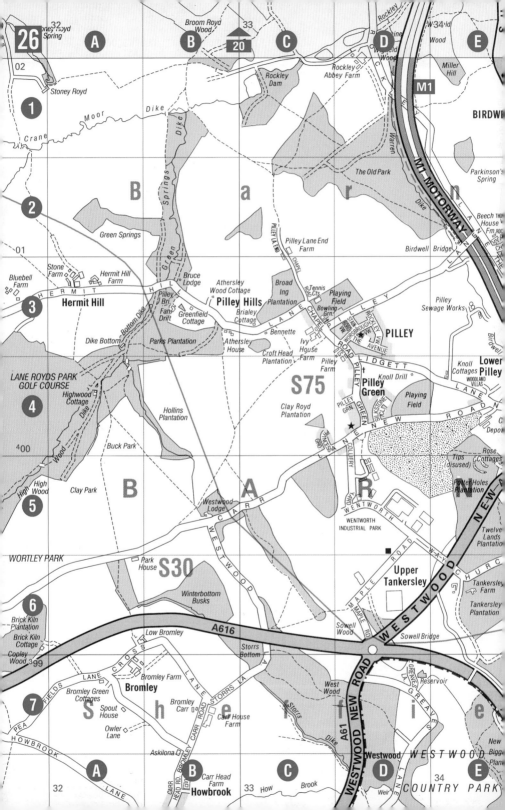

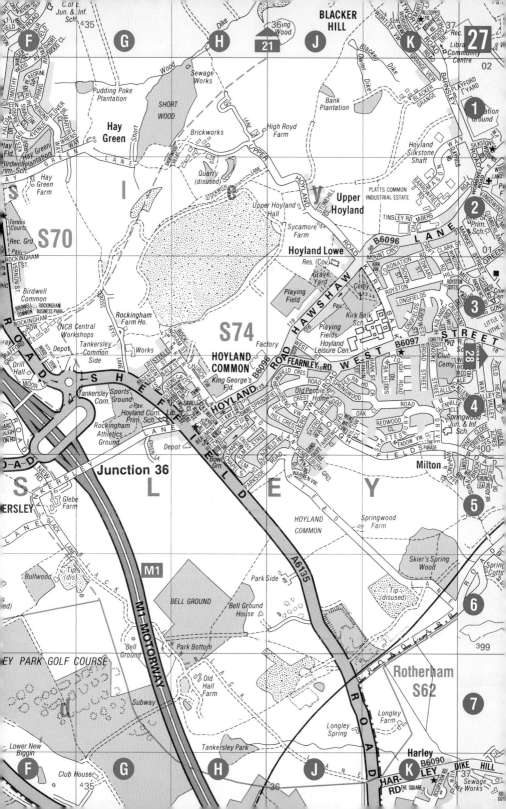

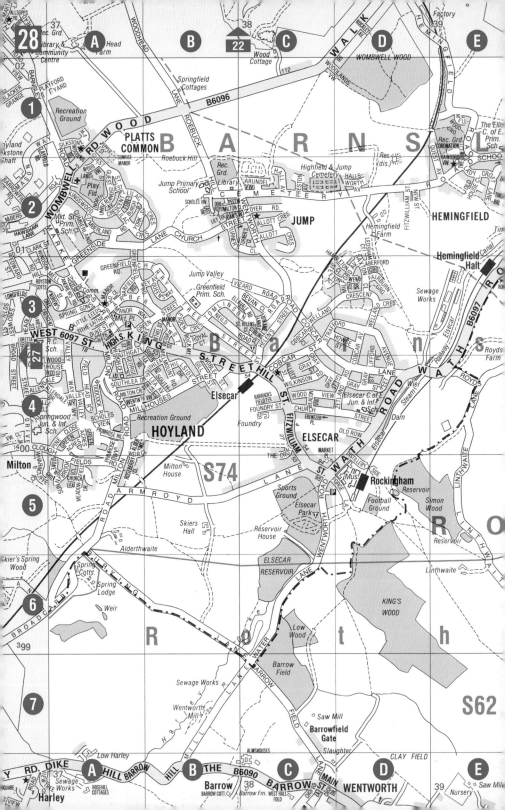

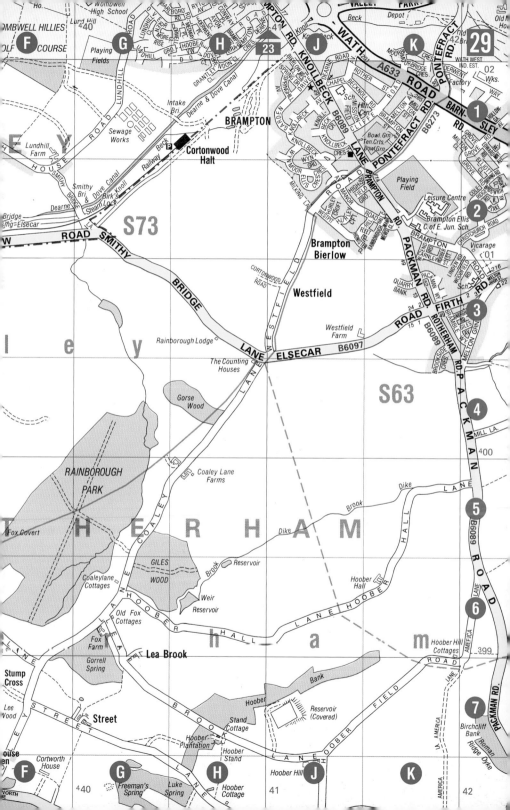

INDEX TO STREETS

HOW TO USE THIS INDEX

1. Each street name is followed by its Posttown or Postal Locality and then by its map reference; e.g. Abbots Rd. *Barn* —4B **12** is in the Barnsley Posttown and is to be found in square 4B on page **12**. The page number being shown in bold type.
A strict alphabetical order is followed in which Av., Rd., St., etc. (though abbreviated) are read in full and as part of the street name; e.g. Allotts Ct. appears after Allott Cres. but before Allott St.

2. Streets and a selection of Subsidiary names not shown on the Maps, appear in the index in *Italics* with the thoroughfare to which it is connected shown in brackets; e.g. *Bethel Sq. Hoy* —3B **28** *(off Bethel St.)*

GENERAL ABBREVIATIONS

All : Alley
App : Approach
Arc : Arcade
Av : Avenue
Bk : Back
Boulevd : Boulevard
Bri : Bridge
B'way : Broadway
Bldgs : Buildings
Bus : Business
Cen : Centre
Chu : Church
Chyd : Churchyard
Circ : Circle
Cir : Circus

Clo : Close
Comn : Common
Cotts : Cottages
Ct : Court
Cres : Crescent
Dri : Drive
E : East
Embkmt : Embankment
Est : Estate
Gdns : Gardens
Ga : Gate
Gt : Great
Grn : Green
Gro : Grove
Ho : House

Ind : Industrial
Junct : Junction
La : Lane
Lit : Little
Lwr : Lower
Mnr : Manor
Mans : Mansions
Mkt : Market
M : Mews
Mt : Mount
N : North
Pal : Palace
Pde : Parade
Pk : Park
Pas : Passage

Pl : Place
Rd : Road
S : South
Sq : Square
Sta : Station
St : Street
Ter : Terrace
Up : Upper
Vs : Villas
Wlk : Walk
W : West
Yd : Yard

POSTTOWN AND POSTAL LOCALITY ABBREVIATIONS

Ard : Ardsley
Barn : Barnsley
Bar H : Barrow Hill
B Grn : Barugh Green
Bil : Billingley
Bird : Birdwell
B Hill : Blacker Hill
Bolt D : Bolton-upon-Dearne
Brmp : Brampton
Brmp B : Brampton Bierlow
Brier : Brierley
Carl : Carlton
Caw : Cawthorne
Clay : Clayton
Clay W : Clayton West
Cub : Cubley
Cud : Cudworth
Darf : Darfield

Dart : Darton
Dod : Dodworth
Els : Elsecar
Gaw : Gawber
Gold : Goldthorpe
Gt H : Great Houghton
Grime : Grimethorpe
Haig : Haigh
Har : Harley
Harl : Harlington
Hem : Hemingfield
Hems : Hemsworth
H Grn : High Green
Hghm : Higham
H Hoy : High Hoyland
Hoob : Hoober
Hood G : Hood Green
Hoy : Hoyland

Hoy S : Hoyland Swaine
Ing : Ingbirchworth
Jump : Jump
King : Kingston
Lit H : Little Houghton
Low V : Low Valley
Lun : Lundwood
Map : Mapplewell
Mil G : Millhouse Green
Monk B : Monk Bretton
New L : New Lodge
Not : Notton
Oug : Oughtibridge
Oxs : Oxspring
Pen : Penistone
Raw : Rawmarsh
Roys : Royston
Shaf : Shafton

Silk : Silkstone
Silk C : Silkstone Common
S Hien : South Hiendley
S'boro : Stainborough
Stair : Stairfoot
Swai : Swaithe
Tank : Tankersley
Thurg : Thurgoland
Thurl : Thurlstone
Thurn : Thurnscoe
Wath D : Wath-upon-Dearne
Wen : Wentworth
Wom : Wombwell
Wool : Woolley
Wors : Worsbrough
Wors B : Worsbrough Bridge
Wors C : Worsbrough Common
Wors D : Worsbrough Dale

INDEX TO STREETS

Abbey Grn. *Dod* —2A **20**
Abbey Gro. *Lun* —4A **12**
Abbey La. *Barn* —6A **12**
Abbey Sq. *Barn* —3A **12**
Abbot La. *Wool* —1B **4**
Abbots Rd. *Barn* —4B **12**
Aberford Gro. *Els* —3D **28**
Acacia Gro. *Raw* —4E **6**
Acorn Cen., The. *Grime* —1J **13**
Acre La. *Pen* —2F **17**
Acre Rd. *Cud* —3E **12**
Adam La. *Silk* —5E **8**
Adkin Royd. *Silk* —7D **8**
Agnes Rd. *Barn* —7E **10**
Agnes Rd. *Dart* —6J **3**
Agnes Ter. *Barn* —7E **10**
Ainsdale Av. *Gold* —4H **25**
Ainsdale Clo. *Roys* —1H **5**
Ainsdale Ct. *Barn* —2K **11**
Ainsdale Rd. *Roys* —1H **5**
Airedale Rd. *Barn* —5E **10**
Aireton Rd. *Barn* —5E **10**
Alan Rd. *Dart* —6H **3**
Alba Clo. *Darf* —2G **23**
Albany Clo. *Wom* —2C **22**
Albert Cres. *Lit H* —1B **24**
Albert Rd. *Gold* —3J **25**
Albert St. *Barn* —6F **11**
Albert St. *Cud* —5E **6**
Albert St. *Thurn* —7G **15**
Albert St. E. *Barn* —6F **11**
Albion Dri. *Thurn* —1K **25**
Albion Ho. *Barn* —7F **11**
Albion Rd. *Barn* —7F **11**
Albion Ter. *Barn* —7G **11**
Aldbury Clo. *Barn* —1H **11**
Alder Clo. *Map* —5A **4**
Alder Gro. *Darf* —4H **23**
Alder M. *Hoy* —4A **28**
Alderson Dri. *Barn* —1G **11**
Aldham Cotts. *Wom* —3E **22**

Aldham Cres. *Wom* —2C **22**
Aldham Ho. La. *Wom* —4D **22**
Aldham Ind. Est. *Wom* —3E **22**
Alexandra Ter. *Barn* —7B **12**
Alfred St. *Roys* —2A **6**
Alhambra Shopping Cen. *Barn* —6F **11**
Allatt Clo. *Barn* —7F **11**
Allendale. *Wors* —3J **21**
Allendale Ct. *Wors* —3J **21**
Allendale Dri. *Hoy* —4K **27**
Allendale Rd. *Barn* —3E **10**
Allendale Rd. *Dart* —6H **3**
Allendale Rd. *Hoy* —4K **27**
Allott Cres. *Jump* —2C **28**
Allotts Ct. *Bird* —2E **26**
Allott St. *Els* —4C **28**
Allott St. *Hoy* —4H **27**
All Saints Clo. *Silk* —6E **8**
Allsopps Yd. *B Hill* —7K **21**
Alma St. *Barn* —6D **10**
Alma St. *Wom* —6F **23**
Almond Av. *Cud* —7D **6**
Almshouses. *Raw* —7C **28**
Alperton Clo. *Barn* —2B **12**
Alric Dri. *Barn* —5A **12**
Alston Clo. *Silk* —7D **8**
Alton Way. *Map* —5A **4**
Amalfi Clo. *Darf* —3H **23**
Ambleside Gro. *Barn* —7C **12**
America La. *Hoob & Wath D* —7K **29**
Ancote Clo. *Barn* —6A **10**
Angel St. *Bolt D* —7H **25**
Annan Clo. *Barn* —6A **12**
Anne Cres. *S Hien* —1G **7**
Appleby Clo. *Dart* —5K **3**
Applehaigh Gro. *Roys* —2G **5**
Applehaigh La. *Not* —1G **5**
Applehaigh View. *Roys* —2G **5**
Appleton Way. *Wors* —3G **21**
April Clo. *Barn* —3K **11**

April Dri. *Barn* —3K **11**
Aqueduct St. *Barn* —4F **11**
Arcade, The. *Barn* —6F **11**
Ardsley M. *Barn* —7C **12**
Ardsley Rd. *Wors* —3J **21**
Armroyd La. *Els* —5A **28**
Armyne Gro. *Barn* —6A **12**
Army Row. *Roys* —2K **5**
Arncliffe Dri. *Barn* —7B **10**
Arnold Av. *Barn* —7F **5**
Arthur St. *Wors* —3G **21**
Arundell Dri. *Barn* —2B **12**
Arundel View. *Jump* —2C **28**
Ashberry Clo. *Thurn* —7H **15**
Ashbourne Rd. *Barn* —7G **5**
Ashby Ct. *Barn* —7D **10**
Ash Cotts. *Wom* —2C **22**
Ash Dyke Clo. *Dart* —7H **3**
Ashfield Clo. *Barn* —4C **10**
Ashfield Ct. *Stair* —7K **11**
Ash Gro. *Barn* —1K **21**
Ashleigh. *Brier* —3J **7**
Ashley Croft. *Roys* —2H **5**
Ashover Clo. *Wors* —4G **21**
Ash Rd. *Shaf* —4F **7**
Ash Row. *Barn* —6J **11**
Ash St. *Wom* —2C **22**
Ashwell Clo. *Shaf* —3E **6**
Ashwood Clo. *Wors* —4H **21**
Ashwood Cres. *Gt H* —4B **14**
Aspen Gro. *Darf* —4J **23**
Aston Dri. *Barn* —1G **11**
Athersley Cres. *Barn* —1G **11**
Athersley Rd. *Barn* —1G **11**
Attlee Cres. *Darf* —3J **23**
Austwick Clo. *Map* —4A **4**
Austwick Wlk. *Barn* —5D **10**
Avenue, The. *Roys* —2A **6**
Avenue, The. *Tank* —3D **26**
Avon Clo. *Hghm* —4J **9**

Avon Clo. *Wom* —7H **23**
Avondale Dri. *Barn* —5J **5**
Avon St. *Barn* —6G **11**
Aylesford Clo. *Barn* —4F **11**
Aysgarth Av. *Barn* —7D **12**

Back La. *Barn* —2J **11**
Back La. *Bil* —1D **24**
Back La. *Caw* —3C **8**
Back La. *Clay* —3G **15**
Back La. *Oxs* —7J **17**
Back La. W. *Roys* —2G **5**
Bk. Poplar Ter. *Roys* —2A **6**
Baden St. *Wors* —4H **21**
Badsworth Clo. *Wom* —6H **23**
Bagger Wood Hill. *Hood G* —5H **19**
Bagger Wood Rd. *Thurg & Hood G* —7G **19**
Bainton Dri. *Barn* —1D **20**
Bakehouse La. *Barn* —4A **10**
Baker St. *Barn* —6F **11**
Bakewell Rd. *Barn* —1G **11**
Bala St. *Barn* —6F **11**
Balk La. *Bird* —7E **20**
Balkley La. *Darf* —3A **24**
Balk, The. *Map* —4C **4**
Ballfield Av. *Darf* —6G **3**
Ballfield La. *Dart* —6G **3**
Balmoral Clo. *Thurl* —4C **16**
Bamford Av. *Barn* —1G **11**
Bamford Clo. *Dod* —1J **19**
Bank End Av. *Wors* —3J **21**
Bank End La. *H Hoy* —6A **2**
Bank End Rd. *Wors* —3H **21**
Bank Ho. La. *Thurl* —6B **16**
Bank St. *Barn* —1F **21**
Bank St. *Cud* —7D **6**
Bank St. *Hoy* —4A **28**
Bank St. *Stair* —7A **12**
Bar Av. *Map* —6D **4**

Barber St. *Hoy* —3A **28**
Barden Dri. *Barn* —4B **10**
Barewell Hill. *Brier* —2J **7**
Barfield Rd. *Hoy* —3A **28**
Bari Clo. *Darf* —2G **23**
Bark Ho. La. *Caw* —3A **8**
Bark Meadow. *Dod* —1A **20**
Barkston Rd. *Barn* —1J **11**
Bar La. *Map* —6D **4**
Barlborough Rd. *Wom* —7G **23**
Barley View. *Thurn* —1H **25**
Barnabas Wlk. *Barn* —4F **11**
Barnburgh La. *Gold* —4J **25**
Barnside Clo. *Pen* —6F **17**
Barnsley Bus. & Innovation Cen. *Barn*
　　　　　—3B **10**
Barnsley Rd. *Brier* —3G **7**
Barnsley Rd. *Cud* —1C **12**
Barnsley Rd. *Darf* —1H **23**
Barnsley Rd. *Dart & B Grn* —6J **3**
Barnsley Rd. *Dod* —7K **9**
Barnsley Rd. *Gold* —3F **25**
Barnsley Rd. *Hoy* —1K **27**
Barnsley Rd. *Pen & Hoy S* —4E **16**
Barnsley Rd. *Silk* —7E **8**
(in two parts)
Barnsley Rd. *Wath D* —1K **29**
Barnsley Rd. *Wom* —3D **22**
(in three parts)
Barnsley Rd. *Wool* —1C **4**
Barnsley Western Rf. Rd. *Barn*
　　　　　—6E **10**
Barnwell Cres. *Wom* —3D **22**
Barracks Field Ter. *Hoy* —4C **28**
Barrow Field La. *Wen* —7C **28**
Barrow La. *Map & K 27*
Barrowfield Rd. *Hoy* —2K **27**
Barrow Hill. *Harl* —7A **28**
Barrow, The. *Bar H* —7B **28**
Bartholomew St. *Wom* —5E **22**
Barton Av. *Barn* —5F **5**
Barugh Grn. Rd. *B Grn & Barn* —2J **9**
Barugh La. *B Grn* —2J **9**
Basildon Rd. *Thurn* —6G **15**
Baslow Cres. *Dod* —1J **19**
Baslow Rd. *Barn* —7H **5**
Bateman Clo. *Cud* —4C **6**
Bateman Sq. *Thurn* —7G **15**
Batty Av. *Cud* —1C **12**
Baycliff Clo. *Barn* —1K **11**
Beacon Clo. *Silk C* —2E **18**
Beacon Ct. *Silk C* —3E **18**
Beacon Hill. *Silk C* —3E **18**
Beaconsfield Rd. *Barn* —7E **10**
Beacon View. *Els* —4C **28**
Beaumont Av. *Barn* —6B **10**
Beaumont Rd. *Dart* —7G **3**
Beaumont St. *Hoy* —4H **27**
Beckett Hospital Ter. *Barn* —7F **11**
Beckett St. *Barn* —5F **11**
Beckfield Gro. *Barn* —5F **25**
Becknoll Rd. *Brmp* —1J **29**
Bedale Wlk. *Shaf* —3E **6**
Bedford St. *Barn* —1F **21**
Bedford St. *Grime* —2J **13**
Bedford Ter. *Barn* —2G **11**
Beech Av. *Cud* —6D **6**
Beech Av. *Silk C* —3E **18**
Beech Clo. *Brier* —3J **7**
Beech Clo. *Hem* —1F **29**
Beech Ct. *Darf* —3J **23**
Beech Gro. *Barn* —1D **20**
Beech Ho. Rd. *Hem* —1F **29**
Beech Rd. *Shaf* —4F **7**
Beech St. *Barn* —7F **11**
Beeston Way. *Barn* —6F **5**
Beever La. *Barn* —4A **10**
Beever St. *Gold* —3K **25**
Beevor Ct. *Barn* —6G **11**
Beevor St. *Barn* —6H **11**
Belgrave Rd. *Barn* —6G **11**
Bell Bank View. *Wors* —3F **21**
Bellbank Way. *Barn* —6F **5**
Bellbrooke Gro. *Darf* —1H **23**
Bellbrooke Pl. *Darf* —1H **23**
Belle Grn. Clo. *Cud* —7E **6**
Belle Grn. Gdns. *Cud* —7E **6**
Belle Grn. La. *Cud* —7E **6**
Bellwood Cres. *Hoy* —4J **27**
Belmont. *Cud* —3E **12**
Belmont Av. *Barn* —2H **11**
Belmont Cres. *Lit H* —1C **24**
Belvedere. *Shaf* —4E **6**
Belvedere Dri. *Darf* —1H **23**

Ben Bank Rd. *Silk C* —3E **18**
Bence Clo. *Dart* —7J **3**
Bence La. *Dart* —6G **3**
Bentcliff Hill La. *Silk* —5B **8**
Bentham Dri. *Barn* —3K **11**
Bentham Way. *Map* —4A **4**
Bentley Clo. *Barn* —2A **12**
Bent St. *Pen* —4E **16**
Berkeley Croft. *Roys* —2H **5**
Berkley Clo. *Wors* —3F **21**
Berneslai Clo. *Barn* —5E **10**
Berrydale. *Wors* —3H **21**
Berrywell Av. *Pen* —6G **17**
Bethel Sq. *Hoy* —3B **28**
(off Bethel St.)
Bethel St. *Barn* —3B **28**
Bevan Clo. *Els* —3C **28**
Beverley Av. *Wors* —3F **21**
Beverley Clo. *Barn* —7E **4**
Bewdley Ct. *Roys* —2K **5**
Bierlow Clo. *Brmp* —1J **29**
Billingley Dri. *Thurn* —1G **25**
Billingley Grn. La. *Bil* —2D **24**
Billingley La. *Lit H* —1D **24**
Billingley View. *Bolt D* —6F **25**
Bingley St. *Barn* —5D **10**
Biram Wlk. *Hoy* —5D **28**
(off Forge La.)
Birchfield Cres. *Dod* —7A **10**
Birchfield Wlk. *Barn* —5B **10**
Birch Rd. *Barn* —1K **21**
Bird Av. *Wom* —6E **22**
Bird La. *Clay* —1F **15**
Bird La. *Oxs* —6B **18**
Birdwell Comn. *Bird* —3F **27**
Birdwell Rd. *Dod* —2B **20**
Birk Av. *Barn* —1J **21**
Birk Cres. *Barn* —1J **21**
Birkdale Clo. *Cud* —6E **6**
Birk Grn. *Barn* —1K **21**
Birk Ho. La. *Barn* —1K **21**
Birk Rd. *Barn* —1J **21**
Birks Av. *Mil G* —5A **16**
Birks La. *Mil G* —5A **16**
Birk Ter. *Barn* —1J **21**
Birkwood Av. *Cud* —3E **12**
Birthwaite Rd. *Dart* —5F **3**
Bishops Way. *Barn* —4J **11**
Bisley Clo. *Roys* —3A **6**
Bismarck St. *Barn* —1F **21**
Blackburn La. *Barn* —5D **10**
Blackburn La. *Wors* —3G **21**
Blackburn St. *Wors* —3G **21**
Blacker Grange. *Hoy* —1K **27**
Blacker Grn. La. *Silk C* —3C **18**
Blacker La. *Shaf* —3E **6**
Blacker Rd. *Map* —5C **4**
Blackheath Clo. *Barn* —7H **5**
Blackheath Rd. *Barn* —7H **5**
Blackheath Wlk. *Barn* —7H **5**
Black Horse Clo. *Silk C* —3E **18**
Black Horse Rd. *Silk C* —3E **18**
Black La. *Hoy* —5F **27**
(in two parts)
Blacksmith Sq. *Hoy* —5D **28**
(off Forge La.)
Blakeley Clo. *Barn* —7H **5**
Bleachcroft Way. *Barn* —1A **22**
Bleak Av. *Shaf* —4E **6**
Bleakley Av. *Not* —1H **5**
Bleakley Clo. *Shaf* —4E **6**
Bleakley La. *Not* —1H **5**
Bleakley Ter. *Not* —1H **5**
Bleasdale Gro. *Barn* —3G **11**
Blenheim Av. *Barn* —7E **10**
Blenheim Gro. *Barn* —7D **10**
Bloemfontein St. *Cud* —1C **12**
Bloomfield Rise. *Dart* —5K **3**
Bloomfield Rd. *Dart* —5K **3**
Bloomhouse La. *Dart* —5J **3**
Blucher St. *Barn* —6E **10**
Bluebell Av. *Pen* —5E **16**
Bluebell Rd. *Barn* —3J **3**
Blundell Ct. *Barn* —2K **11**
Bly Rd. *Darf* —2H **23**
Blythe St. *Wom* —5E **22**
Bodmin Ct. *Barn* —4H **11**
Boggard La. *Pen* —7C **16**
Bole Clo. *Low V* —4H **23**
Bondfield Cres. *Wom* —6E **22**

Bond Rd. *Barn* —4D **10**
Bond St. *Wom* —5F **23**
Booth St. *Hoy* —3A **28**
Borrowdale Clo. *Barn* —7C **12**
Bosville St. *Pen* —6G **17**
Boswell Clo. *Roys* —2H **5**
Boulder Bri. Rd. *Roys* —4A **6**
Boundary Dri. *Brier* —3J **7**
Boundary St. *Barn* —7H **11**
Bourne Ct. *Map* —4C **4**
Bourne Rd. *Wors* —4F **21**
Bourne Wlk. *Map* —4C **4**
Bowden Gro. *Dod* —1K **19**
Bower Hill. *Oxs* —7A **18**
Bowfell View. *Barn* —3G **11**
Bowland Cres. *Wors* —4F **21**
Bowness Dri. *Bolt D* —7G **25**
Bow St. *Cud* —7D **6**
Bradberry Balk La. *Wom* —4E **22**
Bradbury St. *Barn* —6D **10**
Bradley Av. *Wom* —5E **22**
Bradshaw Clo. *Barn* —5A **10**
Bradwell Av. *Dod* —2A **20**
Braithwaite St. *Map* —5C **4**
Bramah St. *Barn* —5J **5**
Bramble Way. *Wath D* —3K **29**
Bramcote Av. *Barn* —6E **4**
Brampton Cres. *Wom* —7H **23**
Brampton Rd. *Wath D* —2K **29**
Brampton Rd. *Wom* —7H **23**
Brampton St. *Brmp* —1K **29**
Brampton View. *Wom* —7H **23**
Bransome Av. *Barn* —6C **10**
Brendon Clo. *Wom* —1H **29**
Brentwood Clo. *Hoy* —5J **27**
Bretton Clo. *Dart* —6G **3**
Bretton Rd. *Dart* —6G **3**
Bretton View. *Cud* —2C **12**
Briar Gro. *Brier* —3J **7**
Briar Rise. *Wors* —4G **21**
Brickyard, The. *Shaf* —5E **6**
Bridge Gdns. *Barn* —4F **11**
Bridge St. *Barn* —5F **11**
Bridge St. *Bolt D* —5H **25**
Bridge St. *Dart* —5J **3**
Bridge St. *Pen* —4E **16**
Brierfield Clo. *Barn* —5C **10**
Brierley Rd. *Brier* —1F **7**
Brierley Rd. *Grime* —6H **7**
Brierley Rd. *Shaf* —4H **7**
Brierley Rd. *S Hien* —1F **7**
Briggs St. *Barn* —5J **5**
Brighton St. *Grime* —7J **7**
Brinckman St. *Barn* —7F **11**
Britannia Clo. *Barn* —7F **11**
Britannia Ho. *Barn* —7F **11**
Britland Clo. *Barn* —5A **10**
Briton Sq. *Thurn* —6J **15**
Briton St. *Thurn* —6J **15**
Broadcarr Rd. *Hoy* —7K **27**
Broad Gates. *Silk* —7D **8**
Broad St. *Hoy* —3K **27**
Broadwater. *Bolt D* —6E **24**
Broadway. *Barn* —6B **10**
Broadway. *Map* —5B **4**
Broadway Ct. *Barn* —6B **10**
Brockfield Clo. *Wors* —3G **21**
Brock Holes La. *Pen* —7C **16**
Brocklehurst Av. *Barn* —2K **21**
Bromfield Ct. *Roys* —2K **5**
Bromley Carr Rd. *H Grn* —7B **26**
Bronte Clo. *Barn* —4H **11**
Brooke St. *Hoy* —3K **27**
Brookfield Ter. *Barn* —6J **5**
Brookhill Rd. *Dart* —6F **3**
Brook Houses. *Caw* —3C **8**
Brookside Cres. *Wath D* —4K **29**
Brookside Dri. *Dam* —2K **21**
Brookvale. *Barn* —4K **11**
Broom Clo. *Barn* —2A **12**
Broom Clo. *Bolt D* —5F **25**
Broomcroft. *Dod* —2B **20**
Broomfield Clo. *Barn* —7B **10**
Broomhead Ct. *Map* —6B **4**
Broomhead Rd. *Wom* —7H **23**
Broomhill La. *Bolt D* —5A **24**
Broomhill View. *Bolt D* —7F **25**
Broomroyd. *Wors* —4H **21**
Brough Grn. *Dod* —2B **20**
Brow Clo. *Wors* —2F **21**
Browning Clo. *Barn* —4H **11**
Browning Rd. *Wath D* —2K **29**
Brownroyd Av. *Roys* —4J **5**

Brow View. *Bolt D* —6F **25**
Bruce Av. *Barn* —1F **21**
Brunswick Clo. *Barn* —1F **11**
Brunswick St. *Thurn* —6K **15**
Buckden Rd. *Barn* —5D **10**
Buckingham Way. *Roys* —2H **5**
Buckley Ct. *Barn* —7F **11**
Buckley Ho. *Barn* —7F **11**
Bude Ct. *Barn* —4J **11**
Bull Haw La. *Silk* —7C **8**
Burcroft Clo. *Hoy* —4H **27**
Burleigh St. *Barn* —7F **11**
Burlington Arc. *Barn* —6F **11**
(off Eldon St.)
Burnett Clo. *Pen* —6G **17**
Burnham Av. *Map* —5B **4**
Burnham Way. *Darf* —3H **23**
Burn Pl. *Barn* —7E **4**
Burnsall Gro. *Barn* —2K **21**
Burnside. *Thurn* —6G **15**
Burntwood Dri. *Thurn* —1F **25**
Burntwood Rd. *Grime* —1K **13**
Burrows Gro. *Wom* —5D **22**
Burton Av. *Barn* —3K **11**
Burton Bank Rd. *Barn* —4G **11**
(in two parts)
Burton Cres. *Barn* —2A **12**
Burton Rd. *Barn* —4G **11**
Burton St. *Barn* —4E **10**
Burton Ter. *Barn* —7H **11**
Burying La. *Raw* —6A **28**
Butcher St. *Thurn* —7G **15**
Buttercross Dri. *Lit H* —7A **14**
Butterfield Ct. *Brmp* —1J **29**
Butterley Dri. *Barn* —2K **21**
Butterleys. *Dod* —1A **20**
Buttermere Clo. *Bolt D* —7G **25**
Buttermere Way. *Barn* —7D **12**
Butterton Clo. *Map* —5C **4**
Buxton Rd. *Barn* —7G **5**
Byath La. *Cud* —1D **12**
Byland Way. *Barn* —5K **11**
Byrne Clo. *B Grn* —3J **9**
Byron Dri. *Barn* —3H **11**
Byron St. *Gt H* —6C **14**

Cadwell Clo. *Cud* —6E **6**
Caernarvon Clo. *Bolt D* —6F **25**
Caistor Av. *Barn* —1C **20**
Calder Av. *Roys* —3A **6**
Calder Cres. *Barn* —1K **21**
Calder Rd. *Bolt D* —7A **26**
Caldervale. *Roys* —2A **6**
California Cres. *Barn* —1F **21**
California Gdns. *Barn* —7F **11**
California St. *Barn* —1E **20**
California Ter. *Barn* —1E **20**
Callis La. *Pen* —7G **17**
Calver Clo. *Dod* —3A **20**
Calvert St. *Hoy* —4H **27**
Camborne Way. *Barn* —4H **11**
Campion Clo. *Bolt D* —5F **25**
Canada St. *Barn* —7F **11**
Canal St. *Barn* —4F **11**
Canal Way. *Barn* —4F **11**
Canberra Rise. *Bolt D* —6F **25**
Cannon Way. *Barn* —2K **9**
Canons Way. *Barn* —4J **11**
Capri Clo. *Darf* —2G **23**
Carbis Clo. *Barn* —4H **11**
Carey Av. *Barn* —6G **11**
Carlton Ho. *Cud* —7D **6**
Carlton Ind. Est. *Carl* —7J **5**
(in two parts)
Carlton Rd. *Barn* —2G **11**
Carlton St. *Barn* —3F **10**
Carlton St. *Cud* —7D **6**
Carlton St. *Grime* —1J **13**
Carlton Ter. *Barn* —5A **6**
Carnforth Rd. *Barn* —2K **11**
Carnley St. *Wath D* —2K **29**
Carrfield Clo. *Darf* —6H **3**
Carr Field La. *Bolt D* —5F **25**
Carr Grn. *Bolt D* —5G **25**
Carr Grn. *Map* —6C **4**
Carr Grn. La. *Map* —7C **4**
Carr Head La. *Bolt D* —5D **24**
Carr Head La. *Ing* —1D **16**
Carr Head Rd. *H Grn* —7B **26**
Carrington Av. *Barn* —3E **10**
Carrington St. *Barn* —4D **10**
Carr La. *Ing* —1C **16**

Carr La. *Tank* —5C **26**
Carrs La. *Cud* —2D **12**
Carr St. *Barn* —2K **11**
Carrwood Rd. *Barn* —7A **12**
Cartmel Ct. *Barn* —7K **5**
Castle Clo. *Dod* —2A **20**
Castle Clo. *Monk B* —4H **11**
Castle Clo. *Pen* —6G **17**
Castle Dri. *Hood G* —6J **19**
Castle La. *Pen* —6G **17**
Castlereagh St. *Barn* —6E **10**
Castle St. *Barn* —7E **10**
Castle St. *Pen* —6G **17**
Castle View. *Bird* —1E **26**
Castle View. *Dod* —7A **10**
Castle View. *Hood G* —6J **19**
Catania Rise. *Darf* —2G **23**
Cat Hill La. *Ing* —1F **17**
Cathill Rd. *Bolt D* —4A **24**
Cathill Roundabout. *Lit H* —3B **24**
Cavendish Rd. *Barn* —4E **10**
Cawley Pl. *Barn* —3G **11**
Cawthorne Clo. *Dod* —2A **20**
Cawthorne La. *Darf* —2D **8**
Cawthorne Rd. *B Grn* —2G **9**
Cawthorne View. *Hoy S* —2H **17**
Caxton St. *Barn* —7E **10**
Caythorpe Clo. *Lun* —2C **12**
Cayton Clo. *Barn* —7E **4**
Cedar Clo. *Roys* —2G **5**
Cedar Cres. *Barn* —1H **11**
Celandine Gro. *Darf* —3J **23**
Cemetery Rd. *Barn* —7G **11**
Cemetery Rd. *Bolt D* —7G **25**
Cemetery Rd. *Grime* —7J **7**
Cemetery Rd. *Jump* —2C **28**
Cemetery Rd. *Wom* —5F **23**
Central Av. *Barn* —6J **7**
Central Dri. *Roys* —3J **5**
Central St. *Gold* —2J **25**
Central St. *Hoy* —4H **27**
Challenger Cres. *Thurn* —6G **15**
Chambers Rd. *Hoy* —2K **27**
Chancel Way. *Barn* —4J **11**
Chapel Av. *Brmp* —1J **29**
Chapel Clo. *Bird* —2E **26**
Chapel Clo. *Shaf* —3E **6**
Chapel Ct. *Bird* —2E **26**
Chapel Field La. *Pen* —6E **16**
Chapel Field Wlk. *Pen* —6E **16**
Chapel Hill. *H'fld* —7K **21**
Chapel Hill. *Clay* —3G **15**
Chapel La. *Barn* —6J **5**
Chapel La. *Bil* —2D **24**
Chapel La. *Lit H* —7A **14**
Chapel La. *Pen* —6E **16**
Chapel La. *Thurn* —7K **15**
Chapel Pl. *Barn* —7B **12**
Chapel Rd. *Tank* —3C **26**
Chapel St. *Barn* —7B **12**
Chapel St. *Bird* —2E **26**
Chapel St. *Bolt D* —6G **25**
Chapel St. *Grime* —1J **13**
Chapel St. *Hoy* —4H **27**
Chapel St. *Shaf* —3E **6**
Chapel St. *Thurn* —7G **15**
Chapman St. *Thurn* —7J **15**
Chappell Clo. *Hoy S* —2H **17**
Chappell Rd. *Hoy S* —2H **17**
Chapter Way. *Barn* —4J **11**
Chapter Way. *Silk* —6E **8**
Charity St. *Barn* —1B **12**
Charles St. *Barn* —7E **10**
Charles St. *Cud* —6E **6**
Charles St. *Gold* —3H **25**
Charles St. *Grime* —1J **13**
Charles St. *Lit H* —1C **24**
Charles St. *S Hien* —1G **7**
Charles St. *Wors* —4G **21**
Charter Arc. *Barn* —6F **11**
Chatsworth Rise. *Dod* —1J **19**
Chatsworth Rd. *Barn* —1G **11**
Cheapside. *Barn* —6F **11**
Chedworth Clo. *Darf* —7J **3**
Cherry Clo. *Cud* —6D **6**
Cherry Clo. *Roys* —2G **5**
Cherry Hills. *Darf* —5A **4**
Cherrys Rd. *Barn* —5K **11**
Cherry Tree Clo. *Map* —5C **4**
Cherry Tree St. *Hoy & Els* —3B **28**
Chesham Rd. *Barn* —6D **10**
Chestnut Av. *Brier* —4H **7**
Chestnut Ct. *Barn* —1F **21**

Chestnut Cres. *Barn* —1H **21**
Chestnut Dri. *S Hien* —1F **7**
Chestnut Gro. *Thurn* —1H **25**
Chestnut St. *Grime* —2K **13**
Chevet Rise. *Roys* —2H **5**
Chevet View. *Roys* —2G **5**
Cheviot Wlk. *Barn* —5B **10**
Chiltern Wlk. *Barn* —5B **10**
Chilton St. *Barn* —7G **11**
Chilwell Clo. *Barn* —5F **5**
Chilwell Gdns. *Barn* —5F **5**
Chilwell M. *Barn* —5F **5**
Chilwell Rd. *Barn* —5F **5**
Christchurch Rd. *Wath D* —2K **29**
Church Clo. *Dart* —5J **3**
Church Dri. *Brier* —4H **7**
Church Dri. *Wen* —7C **28**
Churchfield. *Barn* —5E **10**
Churchfield Av. *Cud* —1D **12**
Churchfield Av. *Darf* —6G **3**
Churchfield Clo. *Dart* —6F **3**
Churchfield Ct. *Barn* —5E **10**
Churchfield Ct. *Darf* —6H **3**
Churchfield Cres. *Cud* —1D **12**
Churchfield La. *Barn* —5E **10**
Church Field La. *Wen* —7C **28**
Church Field Rd. *Clay* —3G **15**
Churchfields Clo. *Barn* —5E **10**
Churchfield Ter. *Cud* —1D **12**
Church Fold. *Barn* —5E **10**
Church Gro. *Barn* —3J **11**
Church Hill. *Roys* —3K **5**
Church La. *Barn* —5E **10**
Church La. *Caw* —3C **8**
Church La. *H Hoy* —5A **2**
Church La. *S Hien* —1C **6**
Church La. *Tank* —6E **26**
Church La. *Wors* —6F **21**
Church Lea. *Hoy* —5A **28**
Church M. *Bolt D* —7G **25**
Church Rd. *Caw* —3C **8**
Church St. *Barn* —5G **29**
Church St. *Bolt D* —6G **25**
Church St. *Brier* —3H **7**
Church St. *Carl* —5K **5**
Church St. *Caw* —2C **8**
Church St. *Cud* —1D **12**
Church St. *Dart* —3K **23**
Church St. *Dart* —6J **3**
Church St. *Els* —4C **28**
Church St. *Gaw* —4A **10**
Church St. *Gt H* —5C **14**
Church St. *Jump* —2B **28**
Church St. *Map* —5C **4**
Church St. *Pen* —5F **17**
Church St. *Roys* —3J **5**
Church St. *Thurn* —7G **15**
Church St. *Wom* —6F **23**
Church Ter. *Dod* —1J **19**
Church View. *Barn* —4C **10**
Church View. *Cud* —1D **12**
Church View. *Darf* —3A **24**
Church View. *Hoy* —4H **27**
Church View Cres. *Pen* —5F **17**
Church View Rd. *Pen* —5F **17**
Church Wlk. *Thurn* —7G **15**
(off Church St.)
Cinder Hills Way. *Dod* —1A **20**
Clanricarde St. *Barn* —3E **10**
Clap Ho. Fold. *Haig* —1E **2**
Clarehurst Rd. *Darf* —2J **23**
Clarel Clo. *Pen* —6E **16**
Clarel St. *Pen* —6E **16**
Clarence Rd. *Barn* —3H **11**
Clarence Ter. *Thurn* —7J **15**
(off Clarke St.)
Clarendon St. *Barn* —6D **10**
Clarke St. *Barn* —4D **10**
Clarke St. *Thurn* —7J **15**
Clarkson St. *Wors* —3J **21**
Clark St. *Hoy* —2K **27**
Clarney Av. *Darf* —2H **23**
Clarney Pl. *Darf* —2J **23**
Claycliffe Av. *Barn* —3K **9**
Claycliffe Bus. Pk. *B Grn* —2K **9**
Claycliffe Rd. *B Grn & Barn* —1K **9**
Claycliffe Ter. *Barn* —7D **10**
Claycliffe Ter. *Gold* —3J **25**
Clayfield Rd. *Hoy* —1K **27**
Clayroyd. *Wors* —4H **21**
Clayton Clo. *Thurn* —6F **15**
Clayton Dri. *Thurn* —7F **15**

Clayton La. *Thurn* —6F **15**
Clear View. *Grime* —6J **7**
Clevedon Way. *Roys* —2H **5**
Cliff Clo. *Brier* —3H **7**
Cliff Dri. *Darf* —3A **24**
Cliffe Av. *Wors* —3H **21**
Cliffe Ct. *Barn* —4H **11**
Cliffe Cres. *Dod* —1J **19**
Cliffedale Cres. *Wors* —2H **21**
Cliffe La. *Barn* —4J **11**
Cliffe Rd. *Brmp* —1J **29**
Cliff Hill. *Caw* —2C **8**
Cliff La. *Brier* —4G **7**
Clifford St. *Cud* —5E **6**
Cliff Rd. *Darf* —3A **24**
Cliff Ter. *Barn* —6G **11**
Clifton Av. *Barn* —6E **4**
Clifton Clo. *Barn* —6E **4**
Clifton Cres. *Barn* —5F **5**
Clifton Gdns. *Brier* —3G **7**
Clifton Rd. *Grime* —7J **7**
Clifton St. *Barn* —7G **11**
Clipstone Av. *Barn* —6G **5**
Cloisters, The. *Wors* —6F **21**
Cloisters Way. *Barn* —4K **11**
Close, The. *Barn* —4A **12**
Close, The. *Carl* —5J **5**
Close, The. *Clay* —3G **15**
Cloudberry Way. *Map* —6D **4**
Clough Fields Rd. *Hoy* —4J **27**
Clough Head. *Pen* —7F **17**
Clough Rd. *Hoy* —4K **27**
Cloverlands Dri. *Map* —6C **4**
Clover Wlk. *Bolt D* —5F **25**
Club St. *Barn* —3J **11**
Club St. *Hoy* —4H **27**
Clumber St. *Barn* —5C **10**
Clyde St. *Barn* —6G **11**
Coach Ho. La. *Barn* —2F **21**
Coalby Wlk. *Barn* —5E **10**
(off Prospect St.)
Coaley La. *Wen* —5G **29**
Coal Pit La. *Cud* —2F **13**
Coal Pit La. *Shaf* —4F **7**
Coates La. *Oxs & Silk* —6B **18**
Cobcar Av. *Els* —4D **28**
Cobcar Clo. *Els* —3C **28**
Cobcar La. *Els* —3C **28**
Cobcar St. *Els* —4C **28**
Cockerham Av. *Barn* —4E **10**
Cockerham La. *Barn* —4E **10**
Cockshot Pit La. *Map* —6A **4**
Coleridge Av. *Barn* —3H **11**
Coleridge Rd. *Wath D* —2K **29**
Coley La. *Wen* —7F **29**
College Ter. *Darf* —3J **23**
Colleridge Rd. *Wath D* —2K **29**
Colley Av. *Barn* —1J **21**
Colley Cres. *Barn* —1J **21**
Colley Pl. *Barn* —1J **21**
Colliery Yd. *Tank* —4D **26**
Collindridge Rd. *Wom* —6F **23**
Collins Clo. *Dod* —1J **19**
Colster Clo. *Barn* —5A **10**
Coltfield. *Bird* —7F **21**
Columbia St. *Barn* —1E **20**
Commercial Rd. *Bolt D* —5F **25**
Commercial St. *Barn* —7G **11**
Common La. *Clay* —1F **15**
(in two parts)
Common La. *Roys* —2J **5**
Common La. *Brier* —4J **7**
Common Rd. *Thurn* —7F **15**
Commonwealth View. *Bolt D* —6F **25**
Cone La. *Silk C* —3D **18**
Coniston Av. *Barn* —4A **4**
Coniston Clo. *Pen* —4F **17**
Coniston Dri. *Bolt D* —7G **25**
Coniston Rd. *Barn* —6G **11**
Conway Pl. *Wom* —7H **23**
Conway St. *Barn* —7K **11**
Co-operative Cotts. *Brier* —3H **7**
Co-operative St. *Cud* —1C **12**
Co-operative St. *Gold* —3J **25**
Cooper La. *Hoy S* —1J **17**
Cooper Rd. *Dart* —6G **3**
Cooper Row. *Dod* —2K **19**
(off Stainborough Rd.)
Copeland St. *Wom* —6E **22**
Cope St. *Barn* —1F **21**
Copperas Clo. *Mil G* —5A **16**
Copper La. *Barn* —7F **11**
Copster La. *Oxs* —6B **18**

Cork La. *Swai* —3A **22**
Cornwall Clo. *Barn* —3H **11**
Coronation Av. *Grime* —1J **13**
Coronation Av. *Roys* —2A **6**
Coronation Av. *Shaf* —3D **6**
Coronation Cres. *Bird* —7F **21**
Coronation Dri. *Bird* —7F **21**
Coronation Dri. *Bolt D* —6F **25**
Coronation Rd. *B Grn* —3H **9**
Coronation Rd. *Hoy* —3K **27**
Coronation St. *Barn* —3J **11**
Coronation St. *Darf* —2K **23**
Coronation St. *Thurn* —1J **25**
Coronation Ter. *Barn* —7B **12**
Coronation Ter. *Hem* —1E **28**
Corporation St. *Barn* —7G **11**
Cortina Rise. *Darf* —2G **23**
Cortonwood Rd. *Wom* —3H **29**
Cortworth La. *Wen* —7F **29**
Cotswold Clo. *Barn* —5B **10**
Cottesmore Clo. *Barn* —4C **10**
County Ct. *Barn* —5F **11**
County Way. *Barn* —5F **11**
(in two parts)
Courtyard, The. *Barn* —6A **10**
Cover Dri. *Darf* —2K **23**
Crabtree Dri. *Gt H* —4B **14**
Cramlands. *Dod* —1A **20**
Cranborne Dri. *Darf* —5K **3**
Cranbrook St. *Barn* —7D **10**
Crane Well La. *Bolt D* —6J **25**
Cranford Gdns. *Roys* —2H **5**
Cranston Clo. *Barn* —3J **11**
Craven Clo. *Roys* —2H **5**
Craven Wood Clo. *Barn* —4A **10**
Crescent, The. *Barn* —3B **10**
Crescent, The. *Bolt D* —5H **25**
Crescent, The. *Cud* —7D **6**
Crescent, The. *Hood G* —6J **19**
Cresswell St. *Barn* —5C **10**
Crich Av. *Barn* —7G **5**
Croft Av. *Roys* —3H **5**
Croft Dri. *Mil G* —5A **16**
Crofton Dri. *Bolt D* —5G **25**
Croft Rd. *Barn* —1J **21**
Croft Rd. *Hoy* —2K **27**
Croft St. *Wors* —3G **21**
Croft, The. *Barn* —2J **9**
Croft, The. *Barn* —2J **9**
Croft, The. *Hoy S* —2H **17**
Croft Way. *Barn* —1J **21**
Cromer St. *Grime* —7J **7**
Cromford Av. *Barn* —1H **11**
Crompton Av. *Barn* —7D **10**
Cromwell Mt. *Wors* —2E **20**
Cromwell St. *Thurn* —6J **15**
Cronkhill La. *Barn* —5K **5**
Crooke Ho. La. *Barn* —6H **13**
Crookes La. *Barn* —5H **5**
(in two parts)
Crookes St. *Barn* —6D **10**
Cropton Rd. *Roys* —3H **5**
Crosby Ct. *Barn* —2K **11**
Crosby St. *Cud* —6D **6**
Cross Butcher St. *Thurn* —7G **15**
Crossgate. *Map* —5B **4**
Crossgate. *Thurn* —1H **25**
Cross Hill. *Brier* —3H **7**
Cross Keys La. *Hoy* —3G **27**
Cross La. *H Grn* —7A **26**
Cross La. *Hoy S* —1H **17**
Cross La. *Pen* —6B **16**
Cross La. *Roys* —3A **6**
Cross St. *Barn* —4D **10**
Cross St. *B Grn* —3H **9**
Cross St. *Gold* —3K **25**
Cross St. *Gt H* —6C **14**
Cross St. *Grime* —1K **13**
Cross St. *Hoy* —4H **27**
Cross St. *Monk B* —3J **11**
Cross St. *Wom* —6E **22**
Cross St. *Wors* —2H **21**
Crossways. *Bolt D* —6G **25**
Crowden Wlk. *Barn* —6A **10**
Crown Av. *Barn* —1G **21**
Crown Av. *Cud* —3E **12**
Crown Clo. *Barn* —1G **21**
Crown Hill Rd. *Barn* —6A **10**
Crown St. *Barn* —1G **21**
Crown St. *Hoy* —3K **27**
Crummock Way. *Barn* —7D **12**
Cubley Brook Ct. *Pen* —6E **16**
Cudley Rise Rd. *Pen* —7E **16**

Cudworth View. *Grime* —1J **13**
Cumberland Clo. *Hoy* —2A **28**
Cumberland Clo. *Wors* —3F **21**
Cumberland Dri. *Barn* —7B **12**
Cumberland Rd. *Hoy* —2A **28**
Cumberland Way. *Bolt D* —7G **25**
Cumbrian Wlk. *Barn* —5B **10**
Cutlers Av. *Barn* —7D **10**
Cutty La. *Barn* —4D **10**
Cypress Rd. *Barn* —1H **21**

Dale Clo. *Barn* —7G **5**
Dale Grn. Rd. *Wors* —4F **21**
Dale Gro. *Bolt D* —7F **25**
Daleswood Av. *Barn* —6B **10**
Daleswood Dri. *Wors* —3K **21**
Dalton Ter. *Barn* —6J **11**
Damsteads. *Dod* —1A **20**
Dane St. *Thurn* —7J **15**
Dane St. N. *Thurn* —7J **15**
Dane St. S. *Thurn* —7J **15**
Darfield Rd. *Cud* —2E **12**
Darhaven. *Darf* —2J **23**
Dark La. *Barn* —1B **20**
Dark La. *Caw* —2C **8**
Dark La. *Wors* —5H **21**
Darley. *Wors* —3J **21**
Darley Av. *Barn* —1G **11**
Darley Av. *Wors* —2E **20**
Darley Cliff Cotts. *Wors* —3H **21**
Darley Clo. *Barn* —7G **5**
Darley Gro. *Wors* —3J **21**
Darley Ter. *Barn* —5D **10**
Darley Yd. *Wors* —3H **21**
Darrington Pl. *Barn* —4A **12**
Darton Hall Clo. *Dart* —5K **3**
Darton Hall Dri. *Dart* —5K **3**
Darton La. *Dart* —6K **3**
Darton Rd. *Caw* —2D **8**
Darton St. *Barn* —7K **11**
Dartree Wlk. *Darf* —2H **23**
Darwin Yd. *Hoy* —5D **28**
 (off Forge La.)
Daw Croft Av. *Wors* —3G **21**
Dayhouse La. *Barn* —2B **10**
Daykin Clo. *Dart* —6H **3**
Day St. *Barn* —7E **10**
Deacons Way. *Barn* —4J **11**
Dean St. *Barn* —6D **10**
Deans Way. *Barn* —3J **11**
Dearne Clo. *Wom* —7H **23**
Dearne Hall Rd. *B Grn* —1K **9**
Dearne Rd. *Brmp* —1J **29**
Dearne Rd. *Wath D & Bolt D* —7E **24**
Dearne St. *Dart* —5K **3**
Dearne St. *Gt H* —6C **14**
Dearne Valley Parkway. *Wom* —7J **23**
Dearne View. *Gold* —3J **25**
Dearne Way. *Clay W* —1A **2**
Dearnley View. *Barn* —3D **10**
Deepcar La. *Cud* —4J **17**
Deightonby St. *Thurn* —7J **15**
De Lacy Dri. *Wors* —3G **21**
Della Av. *Barn* —7D **10**
Dell Av. *Grime* —6J **7**
Delph Clo. *Silk* —6E **8**
Denby Rd. *Barn* —7F **5**
Denton St. *Barn* —5F **11**
Derby St. *Barn* —6D **10**
Derry Gro. *Thurn* —1G **25**
Derwent Clo. *Barn* —7H **5**
Derwent Cres. *Barn* —7H **5**
Derwent Gdns. *Gold* —4J **25**
Derwent Pl. *Wom* —7H **23**
Derwent Rd. *Barn* —7G **5**
Derwent Way. *Wath D* —1K **29**
Devonshire Dri. *Barn* —3D **10**
Diamond St. *Wom* —5F **23**
Dickinson Pl. *Barn* —1F **21**
Dickinson Rd. *Barn* —1F **21**
Dike Hill. *Har* —7A **28**
Dillington Rd. *Barn* —1F **21**
Dillington Sq. *Barn* —1F **21**
Dillington Ter. *Barn* —1F **21**
Distillery Side. *Els* —5D **28**
Dobie St. *Barn* —7F **11**
Dobroyd Ter. *Jump* —2B **28**
Dobsyke Clo. *Wors* —3A **21**
Dodworth Bus. Pk. *Dod* —7J **9**
Dodworth Rd. *Barn* —6A **10**
Doe La. *Wors* —5E **20**
Dog Hill. *Shaf* —3D **6**

Dog Hill Dri. *Shaf* —3D **6**
Dog La. *Barn* —6E **10**
Doles Av. *Roys* —3H **5**
Doles Cres. *Roys* —3H **5**
Doncaster Rd. *Barn* —7G **11**
Doncaster Rd. *Darf & Bil* —2K **23**
Doncaster Rd. *Gold* —3J **25**
Don Dri. *Barn* —1K **21**
Don St. *Pen* —6H **17**
Dorchester Pl. *Wors* —3F **21**
Dovecliffe Rd. *Wom* —5A **22**
Dove Clo. *Bolt D* —6H **25**
Dove Clo. *Wom* —7H **23**
Dovedale. *Wors* —4H **21**
Dovedale Pl. *Wors* —4H **21**
Dove Hill. *Roys* —2K **5**
Dove Rd. *Wom* —7H **23**
Doveside Dri. *Darf* —4H **23**
Dove Valley Trail. *Silk C* —3E **18**
Downes Cres. *Barn* —4B **10**
Downing Sq. *Pen* —6F **17**
Dransfield Av. *Pen* —6F **17**
Drury Farm Ct. *Barn* —6A **10**
Dryden Rd. *Barn* —5G **11**
Duke Cres. *Barn* —7F **11**
Duke St. *Barn* —7F **11**
 (in two parts)
Duke St. *Grime* —2J **13**
Duke St. *Hoy* —3A **28**
Dumfries Row. *Barn* —1G **21**
Dunmere Clo. *Barn* —2G **11**
Dyer Rd. *Jump* —2C **28**
Dyson St. *Barn* —1D **20**

Eaden Cres. *Hoy* —3B **28**
Earning View. *Barn* —4G **11**
Earlsmere Dri. *Barn* —7C **12**
Earnshaw Ter. *Barn* —4D **10**
East Av. *Wom* —5D **22**
E. Croft. *Bolt D* —6G **25**
E. End Cres. *Roys* —3A **6**
Eastfield Av. *Pen* —5F **17**
Eastfield Clo. *Map* —6D **4**
Eastfield Cres. *Map* —6D **4**
Eastfield La. *Thurg & Hood G* —6E **18**
Eastfields. *Wom* —4H **21**
Eastgate. *Barn* —5E **10**
Eastmoor Gro. *Barn* —5J **5**
E. Pinfold. *Roys* —3J **5**
East Rd. *Oxs* —7J **17**
East St. *Darf* —2J **23**
East St. *Gold* —2K **25**
East St. *S Hien* —1G **7**
East View. *Cud* —7D **12**
East View. *Jump* —2B **28**
Ebenezer St. *Gt H* —6D **14**
Ebenezer Pl. *Hoy* —4C **28**
Ecklands Long La. *Mil G* —7A **16**
Edale Rise. *Dod* —1J **19**
Edderthorpe La. *Barn & Darf* —7J **13**
Eddyfields. *Barn* —6J **17**
Eden Clo. *B Grn* —2J **9**
Edenfield Clo. *Barn* —1K **11**
Edgecliffe Pl. *Barn* —2G **11**
Edgehill Rd. *Map* —4A **4**
Edinburgh Av. *Bolt D* —6F **25**
Edinburgh Clo. *Barn* —3H **11**
Edinburgh Rd. *Hoy* —2A **28**
Edmonton Clo. *Barn* —5A **10**
Edmunds Rd. *Wors* —4J **21**
Edmund St. *Barn* —4G **21**
Edna St. *Bolt D* —6G **25**
Edward Clo. *Barn* —1J **21**
Edward Rd. *Gold* —4G **25**
Edward Rd. *Wath D* —1K **29**
Edward St. *Darf* —3J **23**
Edward St. *Hoy* —3K **27**
Edward St. *Map* —6C **4**
Edward St. *Thurn* —7G **15**
Edward St. *Wom* —5G **23**
Edwins Clo. *Barn* —7G **5**
Egmanton Rd. *Barn* —5F **5**
Eldon Arc. *Barn* —6F **11**
 (off Eldon St.)
Eldon St. *Barn* —6F **11**
Eldon St. N. *Barn* —5F **11**
Elizabeth Av. *S Hien* —1G **7**
Elizabeth St. *Gold* —3G **25**
Elizabeth St. *Grime* —1J **13**
Elland Clo. *Barn* —7E **4**
Ellavale Rd. *Els* —3B **28**
Ellington Ct. *Barn* —1C **20**

Elliott Av. *Wom* —7F **23**
Elliott Clo. *Wath D* —2K **29**
Ellis Cres. *Brmp* —2J **29**
Elliston Av. *Map* —5C **4**
Elm Ct. *Wom* —4H **21**
Elm Pl. *Barn* —2K **11**
Elm Row. *Barn* —6H **11**
Elmsdale. *Wors* —4H **21**
Elm St. *Hoy* —5H **27**
Elm Wlk. *Thurn* —6H **15**
Elsecar Rd. *Brmp B* —3J **29**
Elstead Clo. *B Grn* —2J **9**
Emily Clo. *Barn* —5K **11**
Empire Ter. *Roys* —2K **5**
Emsley Av. *Cud* —3E **12**
Engine La. *Gold* —4K **25**
Engine La. *Shaf* —5F **7**
Ennerdale Rd. *Barn* —7D **12**
Eshton Ct. *Barn* —4A **4**
Eshton Wlk. *Barn* —6E **10**
Eskdale Rd. *Barn* —7C **12**
Essex Rd. *Barn* —1F **21**
Eveline St. *Cud* —1D **12**
Evelyn Ter. *Barn* —7H **11**
Everill Clo. *Wom* —7H **23**
Everill Ga. La. *Wom* —6H **23**
 (in two parts)
Ewden Rd. *Wom* —7H **23**
Ewden Way. *Barn* —6A **10**
Eyam Clo. *Dod* —1J **19**

Fairburn Gro. *Els* —3D **28**
Fairfield. *Bird* —1F **21**
Fairfield. *Bolt D* —6F **25**
Fairview Clo. *Hoy* —4J **27**
Fairway. *Dod* —2A **20**
Fairway Av. *Map* —4C **4**
Faith St. *Barn* —1B **12**
Falcon Dri. *Bird* —1F **27**
Falconer Clo. *Dart* —5G **3**
Falcon Knowle Ing. *Dart* —5G **3**
Falcon St. *Barn* —5E **10**
Fall Bank Cres. *Dod* —1H **19**
Fall Bank Ind. Est. *Dod* —1H **19**
Fall Head La. *Silk* —6H **8**
Fall View. *Silk* —7E **8**
Falmouth Clo. *Barn* —4H **11**
Falthwaite Grn. La. *Hood G* —5H **19**
Far Croft. *Bolt D* —6G **25**
Far Field La. *Barn* —1A **12**
Farm Clo. *Barn* —3J **11**
Farm Ho. La. *Barn* —5A **10**
Farm Rd. *Barn* —2H **21**
Farm Way. *Darf* —2J **23**
Farrand St. *Bird* —2E **26**
Farrar St. *Barn* —3J **11**
Farrow Clo. *Dod* —1A **20**
Far Townend. *Dod* —1A **20**
Far View. *Barn* —1C **20**
Fearn Ho. Cres. *Hoy* —4J **27**
Fearnley Rd. *Hoy* —4J **27**
Fearnville Gro. *Roys* —3J **5**
Felkirk View. *Shaf* —3D **6**
Fellows Wlk. *Wom* —4D **22**
Fenn Rd. *Tank* —4F **27**
Fensome Way. *Darf* —2J **23**
Fernbank Clo. *Wors* —2F **21**
Fern Clo. *Barn* —4J **23**
Fern Lea Gro. *Bolt D* —6F **25**
Ferrara Clo. *Darf* —2G **23**
Ferry Moor La. *Cud* —1F **13**
Field Clo. *Darf* —2J **23**
Field Dri. *Darf* —2J **23**
Field Head Rd. *Hoy* —4A **28**
Field La. *Barn* —1A **22**
Field La. *Mil G* —7A **16**
Fields End. *Oxs* —7K **17**
Fife St. *Barn* —7D **10**
Filey Av. *Roys* —2K **5**
Firham City. *Roys* —2G **5**
Firs La. *Hoy S* —1F **17**
First Av. *Roys* —2K **5**
Firs, The. *Barn* —2J **21**
Firs, The. *Roys* —2G **5**
Firth Av. *Cud* —1C **12**
Firth Rd. *Wath D* —3K **29**
Firth St. *Barn* —7D **10**
Fish Dam La. *Barn* —2K **11**
Fitzwilliam Rd. *Darf & Lit H* —2A **24**
Fitzwilliam Sq. *Hoy* —5D **28**
 (off Forge La.)

Fitzwilliam St. *Barn* —6E **10**
Fitzwilliam St. *Els* —4C **28**
Fitzwilliam St. *Hem* —2D **28**
Fitzwilliam St. *Hoy* —4H **27**
Five Acres. *Caw* —2D **8**
Flat La. *Lit H* —3C **24**
Flats, The. *Wom* —6E **22**
 (in two parts)
Flax Lea. *Wors* —3G **21**
Fleet Clo. *Brmp B* —2K **29**
Fleethill Cres. *Barn* —2G **11**
Fleet St. *Barn* —7F **11**
Fleetwood Av. *Barn* —2J **11**
Fleming Pl. *Barn* —7E **10**
Florence Rise. *Darf* —3H **23**
Flower St. *Gold* —3K **25**
Foley Av. *Wom* —6E **22**
Folly La. *Thurl* —3B **16**
Forest Rd. *Barn* —6F **5**
Forge La. *Els* —5D **28**
Formby Ct. *Barn* —1K **11**
Foster St. *Barn* —7K **11**
Foulstone Row. *Wom* —6G **23**
Foundry St. *Barn* —7E **10**
 (in two parts)
Foundry St. *Els* —4C **28**
Fountain Clo. *Dart* —5J **3**
Fountain Ct. *Barn* —5E **4**
Fountain Sq. *Dart* —5J **3**
Fountains Way. *Barn* —4K **11**
Foxcovert Clo. *Gold* —4K **25**
Fox Fields. *Oxs* —7J **17**
Foxfield Wlk. *Barn* —2K **11**
Foxroyd Clo. *Barn* —7B **12**
Frederick Av. *Barn* —7D **10**
Frederick Clo. *Barn* —3J **25**
Frederick St. *Wom* —5E **22**
Frederic Pl. *Barn* —1F **21**
Freeman St. *Barn* —7F **11**
Freemans Yd. *Barn* —6F **11**
Friar's Rd. *Barn* —4A **12**
Frickley Bri. La. *Brier* —2G **7**
Frickley La. *Clay* —1K **15**
Fulford Clo. *Barn* —5A **4**
Fulmer Clo. *Barn* —1H **11**
Furlong Ct. *Gold* —5H **25**
Furlong Rd. *Bolt D* —6F **25**
Furnace Yd. *Hoy* —5D **28**
 (off Forge La.)
Furnace Vw. *Wors* —4G **21**
Furness Dene. *Barn* —2K **11**
Fylde Clo. *Barn* —1K **11**

Gadding Moor Rd. *Hoy S* —1G **17**
Gainsborough Way. *Barn* —3H **11**
Gaitskell Clo. *Gold* —5H **25**
Ganton Pl. *Barn* —7E **4**
Garbutt St. *Bolt D* —7H **25**
Garden Dri. *Brmp* —1J **29**
Garden Gro. *Hem* —1E **28**
Garden Ho. Clo. *Barn* —2J **11**
Garden St. *Barn* —7F **11**
Garden St. *Darf* —3J **23**
Garden St. *Gold* —3K **25**
Garden St. *Thurn* —7H **15**
Garraby Clo. *Gt H* —5C **14**
Gate Cres. *Dod* —7K **9**
Gate, The. *Dod* —7K **9**
Gawber Rd. *Barn* —4C **10**
Gayle Ct. *Barn* —5D **10**
Genn La. *Barn* —2D **20**
Genoa Clo. *Darf* —1G **23**
George Sq. *Barn* —6E **10**
George St. *Barn* —6E **10**
George St. *Cud* —6E **6**
George St. *Gold* —3G **25**
George St. *Hoy* —4A **28**
George St. *Lit H* —1B **24**
George St. *Low V* —4H **23**
George St. *Map* —5B **4**
George St. *Thurn* —1K **25**
George St. *Wom* —6F **23**
George St. *Wors B* —4G **21**
George St. *Wors D* —4J **21**
George Yd. *Barn* —6F **11**
Gerald Clo. *Barn* —1J **21**
Gerald Cres. *Barn* —7J **11**
Gerald Pl. *Barn* —1J **21**
Gerald Rd. *Barn* —1J **21**
Gerald Wlk. *Barn* —1J **21**
Gig La. *Hoy* —1H **27**
Gilbert Gro. *Barn* —7K **11**

Giles Av. Wath D —3K 29
Gillott Ind. Est. Barn —5D 10
Gill St. Hoy —4B 28
Gilroyd La. Dod —3A 20
Gipsy La. Wool —1J 3
Gledhill Av. Pen —7E 16
Glendale Clo. Barn —5B 10
Glenmoor Av. Barn —7B 10
Glenmore Rise. Wom —7G 23
Glenville Clo. Hoy —4K 27
Godley Clo. Roys —2K 5
Godley St. Roys —2K 5
Gold Croft. Barn —7G 11
Gold St. Barn —7G 11
Goldthorpe Grn. Gold —4H 25
Goldthorpe Ind. Est. Gold —4G 25
Goldthorpe Rd. Gold —4J 25
Gooder Av. Roys —3J 5
Goodyear Cres. Wom —6F 23
Gooseacre Av. Thurn —6G 15
Gordon St. Barn —7A 12
Gosling Ga. Rd. Gold —3J 25
Gower St. Wom —6G 23
Grace St. Barn —1B 12
Grafton St. Barn —6D 10
Graham's Orchard. Barn —6E 10
Grampian Clo. Barn —5B 10
Grange Clo. Brier —3H 7
Grange Cres. Barn —5A 12
Grange Cres. Thurn —6J 15
Grange Ho. Brier —3H 7
Grange La. Barn —6A 12
Grange La. Ind. Est. Barn —6A 12
Grange Rd. Brier —3H 7
Grange Rd. Roys —3G 5
Grange St. Thurn —7J 15
Grange Ter. Thurn —7J 15
(off Chapman St.)
Grange View. B Hill —7K 21
Grantley Clo. Wom —1H 29
Granton Pl. Barn —7E 4
Granville St. Barn —4D 10
Grasmere Clo. Bolt D —7G 25
Grasmere Clo. Pen —4F 17
Grasmere Cres. Dart —4A 4
Grasmere Rd. Barn —6G 11
Gray's Rd. Barn —5J 5
Gray St. Els —4C 28
Greaves Fold. Barn —5B 10
Greaves La. H Grn —7D 26
Green Acres. Hoy —4H 21
Green Bank. Barn —5F 5
Greenbank Wlk. Grime —7H 7
Greenfield Cotts. Barn —6J 5
Greenfield Gdns. Barn —5E 4
Greenfield Rd. Hoy —3A 28
Greenfoot Clo. Barn —4D 10
Greenfoot La. Barn —3D 10
(in two parts)
Green Ga. Clo. Bolt D —5H 25
Greenhill Av. Barn —4F 11
Greenland. Hoy —7K 21
Greenland View. Wors —4F 21
Green La. Barn —3C 20
Green La. Dod —2A 20
Green La. Hoy —4G 27
Green La. Not —1G 5
Green La. Pen —6F 17
Green La. Silk —1A 18
Green Rd. Dod —2J 19
Green Rd. Pen —6F 17
Greenset View. Barn —5E 4
Greenside. Hoy S —2J 17
Greenside. Map —5C 4
Greenside. Shaf —2D 6
Greenside Av. Map —5C 4
Greenside Gdns. Hoy S —2J 17
Greenside Ho. Dart —5C 4
Greenside La. Hoy —3A 28
Greenside Pl. Map —5C 4
Green Spring Av. Bird —1F 27
Green St. Hoy —3A 28
Green St. Wors —3J 21
Green, The. Bolt D —5G 25
Green, The. Hem —2E 28
Green, The. Hood G —6H 19
Green, The. Pen —6F 17
Green, The. Roys —3J 5
Green, The. Shaf —3E 6
Green, The. Thurl —4C 16
Green View, The. Shaf —2D 6
Greenwood Av. Wors —3H 21
Greenwood Cres. Roys —2H 5

Greenwood Ter. Barn —5E 10
Greno View. Hood G —6H 19
Greno View. Hoy —4J 27
Grenville Pl. Barn —4C 10
Greystones Av. Wors —4F 21
Grosvenor Dri. Barn —6C 10
Grove Clo. Pen —7F 17
Grove Clo. Wath D —1K 29
Grove Rd. Map —5A 4
Grove Rd. Wath D —1K 29
Grove St. Barn —6G 11
Grove St. Wors —3J 21
Grove, The. Cud —5D 6
Gudgeon Hale La. Hood G —7J 19
Guest La. Silk —6E 8
Guest Pl. Hoy —2A 28
Guest Rd. Barn —4D 10
Guest St. Hoy —2A 28
Guildford Rd. Roys —1H 5
Gypsy La. Wom —7G 23

Hackings Av. Pen —7E 16
Haddon Clo. Dod —1J 19
Haddon Rd. Barn —1H 11
Hadfield St. Wom —7F 23
Haigh Clo. Hoy S —2H 17
Haigh Croft. Roys —2H 5
Haigh La. Haig —1G 3
Haigh La. Hoy S —1J 17
Haigh Moor Way. Roys —1J 5
Haisemount. Dart —5A 4
Haldane Clo. Brier —3H 7
Haldene. Wors —4H 21
Halifax Rd. Pen —2E 16
Halifax St. Barn —3E 10
Hallam Ct. Bolt D —7F 25
Hall Av. Jump —2C 28
Hall Balk La. Barn —4D 10
Hall Brig. Clay —3G 15
Hall Broome Gdns. Bolt D —5G 25
Hall Clo. Brmp B —2K 29
Hall Clo. Wors —6G 21
Hall Croft Rise. Roys —3H 5
Hall Farm Dri. Thurn —1H 25
Hall Farm Gro. Hoy S —2J 17
Hall Farm Rise. Thurn —1H 25
Hall Ga. Pen —4F 17
Hallgate. Thurn —1H 25
Hall Gro. Map —5C 4
Hall Pl. Barn —3J 11
Hall Royd La. Silk C —2E 18
Hall Royd Wlk. Silk C —3E 18
Hall St. Gold —4J 25
Hall St. Hoy —3A 28
Hall St. Wom —6G 23
Hallsworth Av. Hem —2D 28
Halstead Gro. Map —4A 4
Hamble Ct. Map —6C 4
Hambleton Clo. Barn —5B 10
Hambleton St. Els —3D 28
Hamilton Rd. Gold —2K 25
Hamper La. Hoy S —2H 17
(in two parts)
Hanbury Clo. Barn —3K 11
Hand La. Thurg —7F 19
Hannas Royd. Dod —1A 20
Hanover Ct. Wors —3G 21
Hanover Sq. Thurn —7J 15
Hanover St. Thurn —6J 15
Hanson St. Barn —5F 11
Harborough Hill Rd. Barn —6F 11
Harden Clo. Barn —5A 10
Harden Clo. Pen —6F 17
Hardwick Clo. Wors —4G 21
Hardwick Cres. Barn —7G 5
Hardwick Gro. Dod —2K 19
Haredon Clo. Map —4A 4
Harewood Av. Barn —6B 10
Harley Rd. Har —7K 7
Harlington Rd. Ad D —7K 25
Harold Av. Barn —3A 12
Harriet Clo. Barn —1G 21
Harrington Ct. Barn —3A 12
Harry Rd. Barn —4B 10
Hartcliff Av. Pen —5E 16
Hartcliff La. Mil G —7A 16
Hartcliff Rd. Pen —7C 16
Hartington Dri. Barn —3F 11
Harvest Clo. Wors —4G 21
Harvey St. Barn —7D 10
Harwood Ter. Barn —5A 12
Hastings St. Grime —7J 7

Hatfield Clo. Barn —7E 4
Hatfield Gdns. Roys —2H 5
Havelock St. Barn —7D 10
Havelock St. Darf —3J 23
Havenfield. Darf —2J 23
Havercroft Rise. S Hien —1G 7
Haverdale Rise. Barn —5D 10
Haverlands La. Wors —4D 20
Haverlands Ridge. Wors —4F 21
Haw Ct. Silk —7D 8
Haworth Clo. Barn —4H 11
Hawshaw La. Hoy —3J 27
Hawson St. Wom —6G 23
Hawthorne Cres. Dod —7J 9
Hawthorne Flats. Thurn —6H 15
Hawthorne St. Barn —7E 10
Hawthorne St. Shaf —3E 6
Hawthorne Way. Shaf —3E 6
Hawtop La. Wool —1K 3
Hayes Croft. Barn —6F 11
Hayfield Clo. Dod —1J 19
Hay Grn. La. Bird —2F 27
Haylock Clo. Hghm —4J 9
Hazelshaw. Dod —2A 20
Hazledene Cres. Shaf —5F 7
Hazledene Rd. Shaf —5E 6
Headlands Rd. Hoy —3K 27
Heather Knowle. Dod —1A 20
Heather Wlk. Bolt D —5F 25
Heath Gro. Bolt D —7F 25
Hedge Hill Rd. Thurl —5C 16
Hedge La. Dart —7H 3
Heelis St. Barn —7F 11
Helena Clo. Barn —7D 10
Helensburgh Clo. Barn —5C 10
Hellin La. Caw —2D 8
Helston Cres. Barn —4H 11
Hemingfield Rd. Hem —7D 22
Hemsworth By-Pass. Brier —2K 7
Henderson Glen. Roys —3G 5
Henry Clo. Shaf —3E 6
Henry St. Wom —4H 23
Henshall St. Barn —7G 11
Heptinstall St. Wors —3H 21
Herbert Ter. Barn —1F 21
Hermit Hill La. Tank —3B 26
Hermit La. Hghm —5J 9
Herons Way. Bird —1F 27
Heysham Grn. Barn —1K 11
Hibbert Ter. Barn —1F 21
Hickleton Ct. Thurn —1G 25
Hickleton Ter. Thurn —1J 25
Hickson Dri. Barn —3A 12
Higham Comn. Rd. Hghm & B Grn —4J 9
Higham La. Hghm & Dod —5J 9
Higham View. Dart —7H 3
High Bank. Thurl —5H 3
High Bank La. Thurl —4A 16
Highcliffe Ter. Barn —7G 11
(off Gold St.)
High Clo. Dart —5H 3
High Croft. Hoy —4A 28
High Croft Dri. Barn —6F 5
Highfield Av. Barn —1G 11
Highfield Av. Gold —3H 25
Highfield Av. Wors —2F 21
Highfield Gro. Wath D —2J 29
Highfield La. Hems —1K 7
Highfield Range. Darf —1J 23
Highfield Rd. Darf —2J 23
Highfields. Hoy S —2H 17
Highfields Rd. Darf —6F 3
Highgate Ct. Gold —4G 25
Highgate La. Bolt D —5G 25
High La. Pen —1A 16
High Lee La. Hoy S —3H 17
High Ridge. Wors —2F 21
High Royd Av. Cud —1D 12
High Royd La. Hoy S —3J 17
Highroyds. Wors —2F 21
Highstone Av. Barn —1E 20
Highstone Corner. Wors —2F 21
Highstone Cres. Barn —1E 20
Highstone La. Wors —2F 21
Highstone Rd. Barn —1F 21
Highstone Vale. Barn —1E 20
High St. Billingley, Bil —2D 24
High St. Bolton-upon-Dearne, Bolt D —6G 29
High St. Darton, Dart —4A 4
High St. Dodworth, Dod —1K 19
High St. Goldthorpe, Gold —3J 25

High St. Great Houghton, Gt H —5B 14
High St. Grimethorpe, Grime —1H 13
High St. Hoyland, Hoy —3A 28
High St. Monk Bretton, Monk B —3J 11
High St. Penistone, Pen —5F 17
High St. Royston, Roys —3G 5
High St. Shafton, Shaf —3E 6
High St. Silkstone, Silk —1D 18
High St. South Hiendley, S Hien —1G 7
High St. Thurnscoe, Thurn —7G 15
High St. Wombwell, Wom —5F 23
High St. Worsbrough, Wors —3H 21
High Thorns. Silk —7D 8
High View. Roys —3H 5
High View Clo. Darf —2K 23
High Well Hill La. S Hien —1D 6
Highwood Clo. Barn —6G 3
Hilda Ter. Grime —1H 13
Hild Av. Cud —3F 13
Hill Crest. Hoy —4J 27
Hillcrest. Thurn —1G 25
Hill End Rd. Map —7C 4
Hill Farm Clo. Thurn —1F 25
Hillside. Barn —7C 12
Hillside Clo. Hoy S —2H 17
Hillside Cres. Brier —4J 7
Hillside Dri. Hoy —4B 28
Hillside Gro. Brier —4H 7
Hill Side La. Pen —6B 16
Hillside Mt. Brier —4J 7
Hill St. Barn —7A 12
Hill St. Darf —3J 23
Hill St. Els —4C 28
Hilltop. Brier —3H 7
Hilltop Av. Barn —5E 4
Hill Top La. Barn —4B 10
Hill Top Rd. Bird —1F 27
Hill Top Smithies. Barn —1F 11
Hilton St. Barn —5D 10
Hindle St. Barn —6D 10
Hodgkinson Av. Pen —5F 17
Hodroyd Clo. Shaf —5F 7
Hodroyd Cotts. Brier —4H 7
Hodster La. Gt H —3A 14
Holdroyds Yd. Dod —2K 19
Holgate. Wom —3D 22
Holgate Mt. Wors —2F 21
Holgate View. Brier —3J 7
Hollincroft. Dod —7A 10
Hollin Moor La. Thurg —7F 19
Hollins, The. Dod —2A 20
Hollowdene. Barn —4B 10
Hollowgate Av. Wath D —1K 29
Holly Bush Dri. Thurn —7H 15
Holly Ct. Barn —1F 21
Hollycroft Av. Roys —3H 5
Holly Ga. Wors —3J 21
Holly Gro. Brier —3J 7
Holm Croft. Caw —2C 8
Holme St. Gold —4G 25
Holme View Rd. Barn —6F 3
Holwick Clo. Silk —7D 8
Holwick Ct. Barn —6E 10
Homecroft Rd. Gold —3H 25
Honeysuckle Clo. Darf —3J 23
Honeywell Clo. Barn —4F 11
Honeywell Gro. Barn —3F 11
Honeywell La. Barn —4E 10
Honeywell Pl. Barn —4E 10
Honeywell St. Barn —4F 11
Honister Clo. Brmp B —2J 29
Hoober Field Rd. Raw —7J 29
Hoober Hall La. Raw & Wath D —6G 29
Hoober St. Wath D —2K 29
Hoober View. Wom —7H 23
Hood Grn. Rd. Hood G —6J 19
Hope Av. Gold —3H 25
Hope St. Barn —5D 10
Hope St. Low V —4H 23
Hope St. Map —6C 4
Hope St. Monk B —1B 12
Hope St. Wom —6G 23
Hopewell St. Barn —7K 11
Hopping La. Thurg —7D 18
Hopwood St. Barn —5E 10
Horbury Rd. Cud —6D 6
Hornby St. Barn —1F 21
(in two parts)
Hornes La. Map —5C 4
Hornthwaite Hill Rd. Thurl —6B 16
Horse Carr View. Barn —7C 12

Horsemoor Rd. *Thurn* —7F **15**
Horsewood Clo. *Barn* —7B **10**
Hough La. *Wom* —6E **22**
Houghton Rd. *Thurn* —7E **14**
Hound Hill La. *Wors* —4D **20**
House Carr La. *Hood G* —4F **19**
Howard St. *Barn* —1F **21**
Howard St. *Darf* —3A **24**
Howbrook La. *H Grn* —7A **26**
Howden Clo. *Dart* —5K **3**
Howell La. *Gt H* —1C **14**
Howse St. *Els* —3D **28**
Hoyland Clo. *Mil G* —5A **16**
Hoyland Rd. *Hoy* —4H **27**
Hoyland St. *Wom* —6F **23**
Hoyle Mill La. *Barn* —4D **16**
Hoyle Mill Rd. *Barn* —7K **11**
Huddersfield Rd. *Barn* —3C **10**
Huddersfield Rd. *Dart* —4F **3**
Huddersfield Rd. *Ing & Pen* —1B **16**
Hudson Haven. *Wom* —5D **22**
Humberside Way. *Barn* —1K **11**
Hunningley Clo. *Barn* —1K **21**
Hunningley La. *Barn* —3K **21**
Hunt Clo. *Barn* —3J **11**
Hunter's Av. *Barn* —7A **10**
Hunters Rise. *Barn* —6A **10**
Hunt St. *Hoy* —4H **27**
Hurley Croft. *Brmp B* —2J **29**
Huskar Clo. *Silk* —7D **8**

I bberson Av. *Map* —6B **4**
Ilsley Rd. *Darf* —2J **23**
Imperial St. *Barn* —1F **21**
Industry Rd. *Carl* —7J **5**
Ingbirchworth La. *Pen* —1A **16**
Ingbirchworth Rd. *Thurl* —4C **16**
Ingleton Wlk. *Barn* —5D **10**
Inglewood. *Dart* —5A **4**
Ingsfield La. *Bolt D* —6C **24**
(in two parts)
Ings La. *Lit H* —1K **23**
Ings Rd. *Wom* —4H **23**
Inkerman Rd. *Darf* —3J **23**
Innovation Way. *Barn* —3C **10**
Intake Cres. *Dod* —2K **19**
Intake La. *Barn* —4B **10**
Intake La. *Cud* —6D **6**
Ironworks Pl. *Hoy* —5D **28**
(off Forge La.)
Ironworks Row. *Hoy* —5D **28**
(off Forge La.)
Issott St. *Barn* —4F **11**
Ivy Cotts. *Roys* —2K **5**
Ivy Farm Clo. *Barn* —5K **5**
Ivy Ter. *Barn* —7G **11**

J ack Close Orchard. *Roys* —2J **5**
Jackson St. *Cud* —1C **12**
Jackson St. *Gold* —3J **25**
Jacobs Hall Ct. *Dart* —6G **3**
Jacques Pl. *Barn* —5K **11**
James St. *Barn* —5F **11**
James St. *S Hien* —1H **7**
James St. *Wors D* —3J **21**
Janet's Wlk. *Wom* —4C **22**
Jardine St. *Wom* —6F **23**
Jebb La. *Haig* —3B **2**
Jenny La. *Cud* —1D **12**
Jermyn Croft. *Dod* —1K **19**
Jesmond Av. *Roys* —3H **5**
Joan Royd La. *Pen* —7D **16**
Joan's Wlk. *Jump* —2B **28**
Jockey Rd. *Pen* —6K **17**
John Hartop Pl. *Hoy* —5D **28**
(off Forge La.)
Johnson St. *Barn* —5D **10**
John St. *Barn* —5D **10**
John St. *Gt H* —6D **14**
John St. *Lit H* —1C **24**
John St. *Thurn* —7H **15**
John St. *Wom* —5E **22**
John St. *Wors* —4G **21**
Jones Av. *Wom* —5D **22**
Joseph Ct. *Barn* —7F **11**
Joseph St. *Barn* —7F **11**
Joseph St. *Grime* —1J **13**
Jubilee Ter. *Barn* —7H **11**
Judy Row. *Barn* —3J **11**
Junction Clo. *Wom* —7J **23**
Junction St. *Barn* —7H **11**

Junction St. *Wom* —7H **23**
Junction Ter. *Barn* —7H **11**

K athleen Gro. *Gold* —2K **25**
Kathleen St. *Gold* —2K **25**
Kaye St. *Barn* —5F **11**
Kay's Ter. *Barn* —1A **22**
Kay St. *Hoy* —4H **27**
Keats Gro. *Pen* —4F **17**
Keeper La. *Wool* —1D **4**
Keir St. *Barn* —5D **10**
Keir Ter. *Barn* —5D **10**
Kelly St. *Gold* —3J **25**
Kelsey Ter. *Barn* —1F **21**
Kelvin Gro. *Wom* —6G **23**
Kendal Cres. *Wors* —4G **21**
Kendal Dri. *Bolt D* —7G **25**
Kendal Grn. *Wors* —4E **20**
Kendal Grn. Rd. *Wors* —4E **20**
Kendal Gro. *Barn* —7C **12**
Kendal Vale. *Wors B* —5G **21**
Kendray St. *Barn* —6F **11**
Kennedy Clo. *Mil G* —5A **16**
Kennedy Dri. *Gold* —5H **25**
Kensington Av. *Thurl* —4C **16**
Kensington Rd. *Barn* —4D **10**
Kenwood Clo. *Barn* —7K **11**
Kenworthy Rd. *Barn* —1F **21**
Keresforth Clo. *Barn* —7C **10**
Keresforth Hall Dri. *Barn* —1C **20**
Keresforth Hall Rd. *Barn* —1D **20**
Keresforth Hill Rd. *Barn* —2B **20**
(in two parts)
Keresforth Rd. *Dod* —2K **19**
Kestrel Rise. *Bird* —1F **27**
Keswick Rd. *Dart* —3A **4**
Keswick Wlk. *Barn* —7C **12**
Ket Hill La. *Brier* —3H **7**
Ketton Wlk. *Barn* —5D **10**
Kexbrough Dri. *Dart* —6H **3**
Key Av. *Hoy* —3B **28**
Kibroyd Dri. *Dart* —7G **3**
Kilnsea Wlk. *Barn* —6E **10**
(off Fitzwilliam St.)
Kine Moor La. *Silk* —2B **18**
King Edwards Gdns. *Barn* —7E **10**
King Edward St. *Barn* —1K **11**
King George Ter. *Barn* —7H **11**
Kings Ct. *Wors* —3J **21**
Kingsland Ct. *Roys* —2K **5**
Kingsley Clo. *Barn* —1G **11**
King's Rd. *Cud* —5E **6**
Kings Rd. *Wom* —6G **23**
King's Stocks. *Lit H* —2C **24**
King's St. *Grime* —1J **13**
Kingstone Pl. *Barn* —1D **20**
King St. *Barn* —7F **11**
King St. *Gold* —3J **25**
King St. *Wom* —3A **28**
King St. *Thurn* —1J **25**
Kingsway. *Map* —5A **4**
Kingsway. *Thurn* —7G **15**
Kingsway. *Wom* —6F **23**
Kingsway Gro. *Thurn* —7G **15**
Kingswood Cres. *Hoy* —2A **28**
Kingwell Cres. *Wors* —2F **21**
Kingwell Croft. *Wors* —3G **21**
Kingwell Rd. *Wors* —3F **21**
Kirk Balk. *Hoy* —3K **27**
Kirkby Av. *Barn* —4B **10**
Kirk Cross Cres. *Roys* —4J **5**
Kirkfield Clo. *Caw* —3D **8**
Kirkfield Way. *Roys* —4J **5**
Kirkgate La. *S Hien* —1D **6**
Kirkham Clo. *Barn* —4J **11**
Kirkham Pl. *Barn* —7K **5**
Kirkstall Rd. *Barn* —7F **4**
Kirk View. *Hoy* —3K **27**
Kirk Way. *Barn* —4K **11**
Kitchen Rd. *Wom* —5D **22**
Kitson Dri. *Barn* —4K **11**
Knabbs La. *Silk C* —3D **18**
Knollbeck Av. *Brmp* —1J **29**
Knoll Beck Clo. *Gold* —4G **25**
Knollbeck Cres. *Brmp* —1J **29**
Knollbeck La. *Brmp* —1J **29**
Knowle Rd. *Barn* —2H **21**
Knowles St. *Pen* —6H **17**
Knowsley St. *Barn* —6D **10**

L aburnum Gro. *Wors* —4J **21**

Laceby Ct. *Barn* —1C **20**
Ladock Clo. *Barn* —4H **11**
Ladycroft. *Bolt D* —6G **25**
Lady Croft La. *Hem* —2E **28**
Ladywood Rd. *Grime* —1K **13**
Laithe Croft. *Dod* —1K **19**
Laithes Clo. *Barn* —7H **5**
Laithes Cres. *Barn* —7F **5**
Laithes La. *Barn* —7F **5**
Lakeland Clo. *Cud* —2E **12**
Lambe Flatt. *Dart* —6G **3**
Lambert Fold. *Dod* —1A **20**
Lambert Rd. *Barn* —1J **21**
Lambert Wlk. *Barn* —7J **11**
Lamb La. *Barn* —2J **11**
Lambra Rd. *Barn* —6F **11**
Lambs Flat La. *Dart* —7G **3**
Lancaster Ga. *Barn* —6E **10**
Lancaster St. *Barn* —6D **10**
Lancaster St. *Thurn* —6J **15**
Lane Cotts. *Roys* —3J **5**
Lane Head Clo. *Map* —4A **4**
Lane Head Rise. *Map* —4A **4**
Lane Head Rd. *Caw* —4A **8**
Lang Av. *Barn* —5A **12**
Langcliff Clo. *Map* —4A **4**
Lang Cres. *Barn* —5A **12**
Langdale Rd. *Barn* —6G **11**
Langdale Rd. *B Grn* —2J **9**
Langdon Wlk. *Barn* —5D **10**
Langford Clo. *Dod* —1A **20**
Langsett Ct. *Barn* —7E **4**
Langsett Rd. *Barn* —7E **4**
Lansdowne Clo. *Thurn* —7G **15**
Lansdowne Cres. *Dart* —7H **3**
Lanyon Way. *Barn* —4H **11**
Larchfield Pl. *Barn* —2K **11**
Larch Pl. *Barn* —2J **21**
Laurel Av. *Barn* —1K **21**
Lawndale Fold. *Dart* —5K **3**
Lawrence Clo. *Hghm* —3J **9**
Laxton Rd. *Barn* —6F **5**
Lea Brook La. *Raw* —6G **29**
Leadley St. *Gold* —3J **25**
Leapings La. *Thurl* —5B **16**
Lea Rd. *Barn* —7H **5**
Ledbury Rd. *Barn* —1F **11**
Ledsham Ct. *Els* —2D **28**
Lee La. *Mil G* —5A **16**
Lee La. *Roys* —4D **4**
Lees Av. *Pen* —5F **17**
Lees, The. *Ard* —7D **12**
Leighton Clo. *Barn* —4F **11**
Leopold St. *Barn* —7D **10**
Lepton Gdns. *Barn* —2K **21**
Lesley Rd. *Dod* —2K **19**
Leslie Rd. *Barn* —7K **11**
Lesmond Cres. *Lit H* —2C **24**
Lewdendale. *Wors* —4G **21**
Lewis Rd. *Barn* —3A **12**
Ley End. *Wors* —4F **21**
Lidgate La. *Shaf* —3D **6**
Lidget La. *Thurn* —1J **25**
Lidget La. Ind. Est. *Thurn* —7K **15**
Lidgett La. *Tank* —4D **26**
Lifford Pl. *Els* —4D **28**
Lilac Cres. *Hoy* —2A **28**
Lilacs, The. *Roys* —2A **6**
Lilydene Av. *Grime* —7H **7**
Lily Ter. *Jump* —2B **28**
Lime Gro. *Barn* —5J **5**
Limes Av. *Barn* —4B **10**
Limes Av. *Map* —4C **4**
Limes Clo. *Barn* —4B **10**
Limesway. *Barn* —4B **10**
Lime Tree Clo. *Cud* —7D **6**
Linburn Clo. *Roys* —2G **5**
Linby Rd. *Barn* —6F **5**
Lincoln Gdns. *Gold* —3H **25**
Lindale Gdns. *Gold* —4K **25**
Lindales, The. *Barn* —5C **10**
Linden Rd. *Wath D* —4A **28**
Lindhurst Lodge. *Barn* —6F **5**
Lindhurst Rd. *Barn* —6E **4**
Lindley Cres. *Thurn* —1H **25**
Lindrick Clo. *Cud* —6K **5**
Lingamore Leys. *Thurn* —6H **15**
Lingard Ct. *Barn* —5D **10**
Lingard St. *Barn* —6D **10**
Links View. *Map* —4B **4**
Link, The. *Dod* —2B **20**
Linkthwaite. *Dod* —1A **20**
Linthwaite La. *Els & Wen* —5E **28**

Linton Clo. *Barn* —7B **10**
Lister Row. *Gt H* —4B **14**
Litherop La. *Clay W* —1A **2**
Litherop Rd. *H Hoy* —4B **2**
Lit. Field La. *Wom* —5F **23**
(in two parts)
Lit. Houghton La. *Darf* —2K **23**
Little La. *H Hoy* —5A **2**
Lit. Leeds. *Hoy* —3A **28**
Littleworth La. *Barn* —3K **11**
Litton Clo. *Shaf* —3E **6**
Litton Wlk. *Barn* —5D **10**
Litton Wlk. *Shaf* —3E **6**
Livingstone Cres. *Barn* —2H **11**
Livingstone Ter. *Barn* —7E **10**
Lobwood. *Wors* —3G **21**
Lobwood La. *Wors* —3H **21**
Lockeaflash Cres. *Barn* —1K **21**
Locke Av. *Barn* —7E **10**
Locke Av. *Wors* —2F **21**
Locke Rd. *Dod* —2A **20**
Locke St. *Barn* —1D **20**
Lockwood La. *Barn* —1F **21**
Lockwood Rd. *Gold* —3J **25**
Lombard Clo. *Barn* —4E **10**
Lombard Cres. *Darf* —3G **23**
Long Balk. *Barn* —2J **9**
Longcar La. *Barn* —7D **10**
Long Causeway. *Barn* —5J **11**
Long Croft. *Map* —5B **4**
Longfield Clo. *Wom* —4D **22**
Longfield Dri. *Map* —5B **4**
Longfields Cres. *Hoy* —3K **27**
Longlands Dri. *Map* —6B **4**
Long La. *Pen* —7H **17**
Long La. *Thurl* —4C **16**
Longley Clo. *B Grn* —3J **9**
Longley St. *B Grn* —3J **9**
Longman Rd. *Barn* —4E **10**
Longridge Rd. *Barn* —1K **11**
Longside Way. *Barn* —5A **10**
Longsight Rd. *Map* —5A **4**
Lonsdale Av. *Barn* —7D **12**
Lord St. *Barn* —5J **11**
Loretta Cotts. *Hoy* —3K **27**
Lorne Rd. *Thurn* —7F **15**
Low Cronkhill La. *Roys* —4A **6**
Low Cudworth. *Cud* —2D **12**
Low Cudworth Grn. *Cud* —2D **12**
Lowe La. *S'boro* —2B **18**
Lwr. Castlereagh St. *Barn* —6E **10**
Lwr. High Royds. *Dart* —6A **4**
Lwr. Mill Clo. *Gold* —4G **25**
Lwr. Thomas St. *Barn* —7E **10**
Lwr. Unwin St. *Pen* —6F **17**
Lwr. York St. *Wom* —5F **23**
Lowfield Rd. *Bolt D* —6H **25**
Low Grange Rd. *Thurn* —7G **15**
Low Grange Sq. *Thurn* —7G **15**
Low Laithes View. *Wom* —4D **22**
Lowlands Clo. *Barn* —2K **11**
Low Pastures Clo. *Barn* —1A **20**
Low Rd. *Oug* —7B **18**
Low Row. *Dart* —3J **3**
Low St. *Dod* —2B **20**
Low Valley Ind. Est. *Wom* —4H **23**
Low View. *Dod* —1J **19**
Loxley Av. *Wom* —6E **22**
Loxley Rd. *Barn* —4B **12**
Lugano Gro. *Darf* —2G **23**
Lulworth Clo. *Barn* —7H **11**
Lund Av. *Barn* —4B **12**
Lund Clo. *Barn* —4B **12**
Lund Cres. *Barn* —4B **12**
Lundhill Clo. *Wom* —7G **23**
Lundhill Gro. *Wom* —7G **23**
Lund Hill La. *Roys* —2B **6**
Lundhill Rd. *Wom* —1G **29**
Lunn Rd. *Cud* —1D **12**
Lynton Pl. *Barn* —6H **3**
Lynwood Dri. *Barn* —5J **5**
Lytham Av. *Barn* —1K **5**
Lyttleton Cres. *Pen* —7E **16**

M ackey Cres. *Brier* —3G **7**
Mackey La. *Brier* —3G **7**
McLintock Way. *Barn* —6D **10**
Macnaughton Rd. *Tank* —4F **27**
Macro Rd. *Wom* —6G **23**
Maggot La. *Oxs* —5B **18**
Magnolia Clo. *Shaf* —4F **7**
Main St. *Gold* —3J **25**

Main St. *S Hien* —1F **7**
Main St. *Wen* —7C **28**
Main St. *Wom* —5E **22**
Malcolm Clo. *Barn* —7K **11**
Malham Clo. *Shaf* —3E **6**
Malham Ct. *Barn* —5D **10**
Mallory Way. *Cud* —7E **6**
Maltas Ct. *Wors* —3J **21**
Malthouse La. *Barn* —6F **11**
Malton Pl. *Barn* —7E **4**
Malvern Clo. *Barn* —5B **10**
Manchester Rd. *Mil G & Thurl* —5A **16**
Manor Av. *Gold* —3J **25**
Manor Clo. *Brmp B* —2K **29**
Manor Ct. *Roys* —3G **5**
Manor Cres. *Grime* —6J **7**
Manor Croft. *S Hien* —1F **7**
Manor Dri. *Roys* —3H **5**
Manor End. *Wors* —3F **21**
Manor Farm Clo. *Barn* —6K **5**
Manor Gdns. *Barn* —7C **12**
Manor Gro. *Grime* —6H **7**
Manor Gro. *Roys* —3H **5**
Manor Ho. Clo. *Hoy* —3A **28**
Manor La. *Oxs* —7A **18**
Manor Occupation Rd. *Roys* —2H **5**
Manor Pk. *Silk* —7D **8**
Manor Pl. *Hoy* —3A **28**
Manor Rd. *Brmp B* —2J **29**
Manor Rd. *Cud* —1C **12**
Manor Sq. *Thurn* —7G **15**
Manor St. *Thurn* —7G **15**
Manor St. *Barn* —6K **5**
Manor View. *Shaf* —4E **6**
Manor Way. *Hoy* —3A **28**
Mansfield Rd. *Barn* —6F **5**
Maori Av. *Bolt D* —6E **24**
Maple Clo. *Barn* —1H **21**
Maple Rd. *Map* —5A **4**
Maple Rd. *Tank* —6D **26**
Mapplewell Dri. *Map* —6C **4**
Maran Av. *Darf* —3A **24**
Margaret Clo. *Darf* —3H **23**
Margaret Rd. *Darf* —3H **23**
Margaret Rd. *Wom* —6G **23**
Margate St. *Grime* —7J **7**
Marina Rise. *Darf* —3G **23**
Market Clo. *Barn* —6G **11**
Market Hill. *Barn* —6E **10**
Market Pde. *Barn* —6F **11**
Market Pl. *Cud* —7D **6**
Market Pl. *Els* —4C **28**
Market Pl. *Pen* —5F **17**
Market Pl. *Wom* —6G **23**
Market Sq. *Gold* —3J **25**
Market St. *Barn* —6E **10**
Market St. *Cud* —7D **6**
Market St. *Gold* —3J **25**
Market St. *Hoy* —2A **28**
Market St. *Pen* —5E **16**
Market St. *Thurn* —6E **10**
Mark St. *Barn* —6E **10**
Marlborough Clo. *Thurn* —7G **15**
Marlborough Ter. *Barn* —7E **10**
Marsala Wlk. *Darf* —2H **23**
Marshfield. *Bird* —7F **21**
Marsh St. *Wom* —5F **23**
Marston Cres. *Barn* —6F **5**
Martin Av. *Bird* —1F **27**
Martin Croft. *Silk* —7D **8**
Martin La. *B Hill* —7K **21**
Martin's Rd. *Barn* —4A **12**
Mary La. *Darf* —3K **23**
Mary's Pl. *Barn* —5B **10**
Mary's Rd. *Darf* —3K **23**
Mary St. *B Grn* —3H **9**
Mary St. *Lit H* —1C **24**
Mason St. *Gold* —3J **25**
Masons Way. *Barn* —2J **21**
Mason Way. *Hoy* —2K **27**
Mathew Gap. *Thurl* —4C **16**
Matlock Rd. *Barn* —1H **11**
Mauds Ter. *Barn* —2J **11**
Mawfield Rd. *Barn* —3K **9**
Mayberry Dri. *Silk* —6D **8**
May Day Grn. *Barn* —6F **11**
May Day Grn. Arc. *Barn* —6F **11**
Mayfield. *Barn* —3H **11**
Mayfield. *Oxs* —1H **17**
Mayfield Clo. *Oxs* —7K **17**
Mayfield Cres. *Wors* —2E **20**

May Ter. *Barn* —6C **10**
Maythorn Clo. *Barn* —6C **4**
Maytree Clo. *Darf* —3J **23**
Meadowland Rise. *Cud* —3D **12**
Meadow Av. *Cud* —3F **13**
Meadow Clo. *Roys* —3K **5**
Meadow Cres. *Grime* —7H **7**
Meadow Cres. *Roys* —2K **5**
Meadow Croft. *Shaf* —3E **6**
Meadow Dri. *Barn* —3K **11**
Meadow Dri. *Barn* —3K **23**
Meadowfield Dri. *Hoy* —5A **28**
Meadowgates. *Bolt D* —5G **25**
Meadowland Rise. *Cud* —2E **12**
Meadow La. *Dart* —7J **3**
Meadow Rd. *Roys* —3K **5**
Meadow St. *Barn* —5F **11**
Meadow View. *Hoy S* —2H **17**
Meadow View. *Wors* —3G **21**
Meadow View Clo. *Hoy* —4K **27**
Meadstead Dri. *Roys* —3H **5**
Medina Way. *B Grn* —2J **9**
Medway Clo. *B Grn* —2K **9**
Medway Pl. *Wom* —7H **23**
Melbourne Av. *Bolt D* —6F **25**
Melford Clo. *Map* —5B **4**
Mell Av. *Hoy* —3A **28**
Mellor Rd. *Wom* —6F **23**
Mellwood Gro. *Hem* —1E **28**
Melrose Way. *Barn* —5K **11**
Melton Av. *Brmp* —1K **29**
Melton Av. *Gold* —3J **25**
Melton Grn. *Wath D* —3K **29**
Melton High St. *Wath D* —3K **29**
Melton St. *Brmp* —1K **29**
Melton Ter. *Wors* —3J **21**
Melville St. *Wom* —5F **23**
Melvinia Cres. *Barn* —3D **10**
Mendip Clo. *Barn* —5B **10**
Merlin Clo. *Bird* —1F **27**
Merrill Rd. *Thurn* —7G **15**
Methley St. *Cud* —1D **12**
Metro Trading Cen. *Barn* —2J **9**
Mews Ct. *Bolt D* —7G **25**
Mexborough Rd. *Bolt D* —7H **25**
Meyrick Dri. *Dart* —1A **5**
Michael Rd. *Barn* —5A **12**
Michael's Est. *Grime* —7J **7**
Mickelden Way. *Barn* —6A **10**
Middleburn Clo. *Barn* —1G **21**
Middlecliff Cotts. *Lit H* —1C **24**
Middlecliff La. *Lit H* —7A **14**
Middle Clo. *Dart* —5G **3**
Middle Field La. *Wool* —1J **3**
Middlesex St. *Barn* —1F **21**
Middlewoods. *Dod* —1A **20**
Midhope Way. *Barn* —6A **10**
Midhurst Gro. *B Grn* —2J **9**
Midland Rd. *Roys* —2J **5**
Midland St. *Barn* —6F **11**
Milano Rise. *Darf* —3H **23**
Milden Pl. *Barn* —1G **21**
Milefield View. *Grime* —7H **7**
Mileswood Clo. *Gt H* —4B **14**
Milford Av. *Els* —3D **28**
Milgate St. *Roys* —2K **5**
Milking La. *Brmp* —2J **29**
Mill Ct. *Wors* —3G **21**
Millers Dale. *Wors* —4G **21**
Mill Hill. *Wom* —4D **22**
Millhouses St. *Hoy* —4A **28**
Mill La. *Dart* —5J **3**
Mill La. *Thurl* —5B **16**
Mill La. *Wath D* —4K **29**
Mill La. *Wen* —7B **28**
Millmoor Clo. *Wom* —4H **23**
Millmoor Rd. *Darf* —4H **23**
Millmount Rd. *Hoy* —4B **28**
Mill Race Dri. *Gold* —4G **25**
Millside. *Shaf* —3E **6**
Millside Wlk. *Shaf* —3E **6**
Mill St. *Barn* —6H **11**
Mill View. *Bolt D* —7F **25**
Milner Av. *Pen* —4D **16**
Milnes St. *Barn* —7G **11**
Milne St. *B Grn* —3J **9**
Milton Clo. *Jump* —2B **28**
Milton Clo. *Wath D* —1K **29**
Milton Cres. *Hoy* —4A **28**
Milton Gro. *Wom* —6G **23**
Milton Rd. *Hoy* —4A **28**
Milton St. *Gt H* —5B **14**
Minster Way. *Barn* —4K **11**

Mission Field. *Brmp* —1J **29**
Mitchell Clo. *Wors* —3K **21**
Mitchell Rd. *Wom* —3E **22**
Mitchells Enterprise Cen. *Wom*
  —3E **22**
Mitchell St. *Swai* —3A **22**
Mitchells Way. *Wom* —4E **22**
Mitchelson Av. *Dod* —1J **19**
Modena Ct. *Darf* —2G **23**
Mona St. *Barn* —5D **10**
Monkspring. *Wors* —3J **21**
Monks Way. *Barn* —4K **11**
Monk Ter. *Barn* —2A **12**
Monsal Cres. *Barn* —7G **5**
Monsal St. *Thurn* —7G **15**
Montague St. *Cud* —6E **6**
Montrose Av. *Darf* —5K **3**
Mont Wlk. *Wom* —4C **22**
Moorbank Clo. *Barn* —3C **10**
Moorbank Clo. *Wom* —4D **22**
Moorbank Rd. *Wom* —3D **22**
Moorbank View. *Wom* —3D **22**
Moorbridge Cres. *Brmp* —7K **23**
Moorcrest Rise. *Map* —4B **4**
Moorend La. *Silk C* —3E **18**
Moor Grn. Clo. *Barn* —6A **10**
Moorhouse La. *Haig* —1G **3**
Moorland Av. *Barn* —7B **10**
Moorland Av. *Map* —4A **4**
Moorland Cres. *Map* —4B **4**
Moorland Pl. *Silk C* —3E **18**
Moorland Ter. *Cud* —2E **12**
Moor La. *Bird* —4F **27**
Moor La. *Gt H* —4B **14**
Moor Ley. *Bird* —7F **21**
Moorside Av. *Pen* —6F **17**
Moorside Clo. *Map* —6B **4**
Morrison Pl. *Darf* —2J **23**
Morrison Rd. *Darf* —2H **23**
Mortimer Dri. *Pen* —7E **16**
Mortimer Rd. *Cub* —7E **16**
Morton Clo. *Barn* —2K **11**
Mottram St. *Barn* —5F **11**
Mount Av. *Gt H* —6C **14**
Mount Av. *Grime* —6J **7**
Mount Clo. *Barn* —1F **21**
Mount Cres. *Hoy* —2K **27**
Mt. Pleasant. *Grime* —6J **7**
Mt. Pleasant. *Wors* —4H **21**
Mount Rd. *Grime* —6J **7**
Mount St. *Ard* —7B **12**
Mount St. *Barn* —7E **10**
Mount Ter. *Wom* —5E **22**
Mt. Vernon Av. *Barn* —1F **21**
Mt. Vernon Cres. *Barn* —2G **21**
Mt. Vernon Rd. *Wors* —3F **21**
Mucky La. *Barn* —6C **12**
Muirfield Clo. *Cud* —5E **6**
Muirfields, The. *Dart* —5A **4**
Mulberry Clo. *Darf* —4B **22**
Murdoch Pl. *Barn* —7E **4**
Mylor Ct. *Barn* —4J **11**
Myrtle St. *Wom* —5E **22**
Myrtle St. *Barn* —5C **10**

Nancy Cres. *Grime* —1K **13**
Nancy Rd. *Grime* —1K **13**
Nanny Marr Rd. *Darf* —3J **23**
Napier Mt. *Wors* —3F **21**
Nasmyth Row. *Hoy* —5D **28**
  (off Forge La.)
Naylor Gro. *Dod* —1K **19**
Needlewood. *Dod* —2K **19**
Neild Rd. *Hoy* —3B **28**
Nelson Av. *Barn* —3G **11**
Nelson St. *Barn* —6E **10**
Nelson St. *S Hien* —1G **7**
Nether Av. *Silk* —6E **8**
Nether Royd View. *Silk C* —3E **18**
Netherwood. *Wom* —3F **23**
Neville Av. *Barn* —1K **21**
Neville Clo. *Barn* —1K **21**
Neville Clo. *Wom* —4D **22**
Neville Ct. *Wom* —4D **22**
Neville Cres. *Barn* —1K **21**
Newark Clo. *Map* —4B **4**
New Chapel Av. *Pen* —7E **16**
New Clo. *Silk* —7D **8**
Newdale Av. *Cud* —2C **12**
Newfield Av. *Barn* —3K **11**
New Hall La. *Barn* —1D **22**
Newhill Rd. *Barn* —2G **11**

Newington Av. *Cud* —6D **6**
Newland Av. *Cud* —2C **12**
Newland Rd. *Barn* —7E **4**
New La. *Bolt D* —4B **24**
  (in two parts)
New Lodge Cres. *Barn* —7E **4**
Newlyn Dri. *Barn* —4H **11**
Newman Av. *Barn* —5J **5**
New Rd. *Caw* —2A **8**
New Rd. *Darf* —4A **4**
New Rd. *Tank* —4D **26**
New Rd. *Wom* —2F **29**
New Royd. *Mil G* —5A **16**
New Smithy Av. *Thurl* —5C **16**
New Smithy Dri. *Thurl* —4C **16**
Newsome Av. *Wom* —5D **22**
Newstead Rd. *Barn* —6E **4**
New St. *Barn* —7E **10**
  (in two parts)
New St. *Bolt D* —7H **25**
New St. *Darf* —3J **23**
New St. *Dod* —2K **19**
New St. *Gt H* —6C **14**
New St. *Grime* —1J **13**
New St. *Hem* —2D **28**
New St. *Map* —5B **4**
New St. *Roys* —3J **5**
New St. *S Hien* —1F **7**
New St. *Stair* —7A **12**
New St. *Wom* —5G **23**
New St. *Wors B* —4G **21**
New St. *Wors D* —4J **21**
Newton St. *Barn* —6E **10**
Newtown Av. *Cud* —2C **12**
Newtown Av. *Roys* —2H **5**
Newtown Grn. *Cud* —2D **12**
Nicholas La. *Gold* —3G **25**
Nicholas St. *Barn* —6D **10**
Nicholson Av. *B Grn* —3J **9**
Noble St. *Hoy* —4B **28**
Noblethorpe La. *Silk* —1A **18**
Nook La. *Pen* —7G **17**
Nook, The. *Hoy S* —2J **17**
Nora St. *Gold* —2K **25**
Norcroft. *Wors* —2F **21**
Norcroft La. *Caw* —4C **8**
Norfolk Clo. *Barn* —3H **11**
Norfolk Rd. *Gt H* —6C **14**
Norman Clo. *Barn* —3J **11**
Norman Clo. *Wors* —3G **21**
Normandale Rd. *Gt H* —5C **14**
Norman St. *Thurn* —7J **15**
N. Carr La. *Barn* —7J **13**
North Clo. *Roys* —3J **5**
Northcote Ter. *Barn* —5C **10**
North Field. *Silk* —7D **8**
Northgate. *Barn* —4C **10**
Northgate. *S Hien* —1G **7**
Northlands. *Roys* —2J **5**
North La. *Caw* —4A **8**
North La. *Silk* —5E **8**
Northorpe. *Dod* —2B **20**
North Pl. *Barn* —4B **10**
North Rd. *Roys* —1K **5**
North St. *Darf* —2J **23**
Northumberland Av. *Hoy* —2A **28**
Northumberland Way. *Barn* —7B **12**
North View. *Grime* —1H **13**
Norville Cres. *Darf* —2K **23**
Norwood Dri. *B Grn* —2J **9**
Norwood Dri. *Brier* —3J **7**
Norwood La. *Pen* —3B **16**
Nostell Fold. *Dod* —2K **19**
Nottingham La. *Barn* —1C **22**
Nursery Gdns. *Barn* —1A **22**
Nursery St. *Barn* —7E **10**

Oak Clo. *Hoy* —4K **27**
Oakdale. *Wors* —3H **21**
Oakdale Clo. *Wors* —4H **21**
Oakfield Ct. *Map* —5A **4**
Oakfield Wlk. *Barn* —5B **10**
Oakham Pl. *Barn* —4H **11**
Oak Haven Av. *Gt H* —6C **14**
Oaklands Av. *Barn* —3K **11**
Oak Lea. *Wors* —4J **21**
Oaklea Clo. *Map* —4B **4**
Oak Leigh. *Caw* —3C **8**
Oak Pk. Rise. *Barn* —1G **21**
Oak Rd. *Shaf* —4F **7**
Oak Rd. *Thurn* —7F **15**
Oaks Cres. *Barn* —7J **11**

Oaks Farm Clo. *Dart* —5K **3**
Oaks Farm Dri. *Dart* —5K **3**
Oaks La. *Barn* —6J **11**
(in two parts)
Oak St. *Barn* —6D **10**
Oak St. *Grime* —1K **13**
Oaks Wood Dri. *Dart* —6K **3**
Oak Tree Av. *Cud* —7D **6**
Oak Tree Clo. *Dart* —6H **3**
Oakwell La. *Barn* —7G **11**
Oakwell Ter. *Barn* —6G **11**
Oakwood Av. *Roys* —2J **5**
Oakwood Clo. *Wors* —4J **21**
Oakwood Cres. *Roys* —2H **5**
Oakwood Rd. *Roys* —2H **5**
Oakwood Sq. *Dart* —6F **3**
Oakworth Clo. *Barn* —4B **10**
Oberon Cres. *Darf* —2H **23**
Occupation Rd. *Harl* —7K **27**
Old Anna La. *Thurl* —4C **16**
Old Hall Rd. *Wors* —6D **20**
Old Hall Wlk. *Gt H* —6C **14**
Old Ho. Clo. *Hem* —2E **28**
Old Mnr. Dri. *Oxs* —7K **17**
Old Mkt. Pl. *Wom* —6F **23**
Old Mill La. *Barn* —5E **10**
Old Rd. *Barn* —2G **11**
Old Row. *Els* —4D **28**
Oldroyd Av. *Grime* —1J **13**
Oldroyd Row. *Dod* —2K **19**
(off Stainborough Rd.)
Ollerton Rd. *Barn* —5F **5**
Orchard Clo. *Barn* —2J **11**
Orchard Clo. *Dart* —5B **4**
Orchard Clo. *Silk C* —3E **18**
Orchard Croft. *Dod* —1A **20**
Orchard Dri. *S Hien* —1F **7**
Orchard M. *Barn* —4E **10**
Orchard St. *Gold* —4J **25**
Orchard St. *Thurn* —7G **15**
Orchard St. *Wom* —5F **23**
Orchard Ter. *Caw* —3D **8**
Orchard Way. *Thurn* —7H **15**
Oriel Way. *Barn* —4K **11**
Orwell Clo. *Wom* —7H **23**
Osborne Ct. *Barn* —3K **11**
Osborne M. *Barn* —7G **11**
Osborne St. *Barn* —7G **11**
Osmond Dri. *Wors* —4G **21**
Osmond Pl. *Wors* —3G **21**
Osmond Way. *Wors* —3G **21**
Osprey Av. *Bird* —1F **27**
Oulton Dri. *Cud* —7E **6**
Overdale Av. *Wors* —2H **21**
Overdale Rd. *Wom* —7G **23**
Owram St. *Dart* —3J **23**
Oxford Pl. *Barn* —7A **12**
Oxford St. *Barn* —1G **21**
Oxford St. *Stair* —7H **12**
Oxspring La. *Pen* —5J **17**
Oxton Rd. *Barn* —6F **5**

Pack Horse Grn. *Silk* —7D **8**
Packman Rd. *Raw & Wath D* —4K **29**
Packman Way. *Wath D* —3K **29**
Paddock Clo. *Map* —5C **4**
Paddock Rd. *Map* —5C **4**
Paddock, The. *Darf* —2J **23**
Padley Clo. *Dod* —1J **19**
Padua Rise. *Darf* —3H **23**
Pagnell Av. *Thurn* —1F **25**
Palermo Fold. *Darf* —2H **23**
Palmer Clo. *Pen* —7E **16**
Palmer Gro. *Barn* —6F **11**
Palm St. *Barn* —4D **10**
Pangbourne Rd. *Thurn* —6G **15**
Pantry Grn. *Wors* —4J **21**
Pantry Hill. *Wors* —3J **21**
Pantry Well. *Wors* —4J **21**
Parade, The. *Hoy* —4K **27**
Parish Way. *Barn* —4K **11**
Park Av. *Barn* —6E **10**
Park Av. *Brier* —3K **7**
Park Av. *Cud* —6D **6**
Park Av. *Grime* —6J **7**
Park Av. *New L* —7F **5**
Park Av. *Pen* —5E **16**
Park Av. *Roys* —3K **5**
Park Clo. *Map* —6C **4**
Park Cotts. *Wors* —5G **21**
Park Ct. *Thurn* —7H **15**

Park Cres. *Roys* —3K **5**
Park Dri. *S'boro* —4B **20**
Park End Rd. *Gold* —4H **25**
Parker's Ter. *Bird* —2E **26**
Parker St. *Barn* —6D **10**
Park Gro. *Barn* —7E **10**
Parkhead Clo. *Roys* —2G **5**
Park Hill. *Darf* —2K **23**
Parkhill Gro. *Darf* —2K **23**
Park Hill Rd. *Wom* —5G **23**
Park Hollow. *Wom* —6H **23**
Parkin Ho. La. *Mil G* —6A **16**
Park La. *Gt H* —3K **13**
Park La. *Pen* —5E **16**
Park Rd. *Barn* —1D **20**
Park Rd. *Brier* —3K **7**
Park Rd. *Grime* —7J **7**
Park Rd. *Thurn* —7G **15**
Park Rd. *Wors* —5G **21**
Parkside M. *Wors B* —3G **21**
Parkside Rd. *Hoy* —5H **27**
Park St. *Barn* —6C **14**
Park St. *Wom* —6G **23**
Park, The. *Caw* —3C **8**
Park View. *Barn* —1D **20**
Park View. *Brier* —3K **7**
Park View. *Dod* —1K **19**
Park View. *Roys* —2K **5**
Park View. *Shaf* —4E **6**
Park View. *Wors* —3H **21**
Park View Rd. *Map* —5D **4**
Parma Rise. *Darf* —3G **23**
Parson La. *Dod* —2H **19**
Pasture La. *Bolt D* —4B **24**
Pavilion Clo. *Brier* —3J **7**
Pea Fields La. *H Grn* —7A **26**
Peak Rd. *Barn* —7G **5**
Pearson Cres. *Wom* —3D **22**
Pearson's Field. *Wom* —5F **23**
Peartree Av. *Thurn* —7G **15**
Peartree Ct. *Gt H* —5B **14**
Pear Tree Clo. *Thurn* —7G **15**
Peel Pde. *Barn* —6E **10**
Peel Pl. *Barn* —4G **11**
Peel Sq. *Barn* —6E **10**
Peel St. *Barn* —6E **10**
Peel St. *Wors C* —1F **21**
Peel St. Arc. *Barn* —6E **10**
Peet Wlk. *Jump* —2B **28**
Pembridge Ct. *Roys* —2J **5**
Pendlebury Dri. *Map* —4J **27**
Pengeston Rd. *Pen* —6D **16**
Pennine Clo. *Dart* —4A **4**
Pennine View. *Dart* —4A **4**
Pennine Way. *Barn* —5B **10**
Penrhyn Wlk. *Barn* —7C **12**
Penrith Gro. *Barn* —7B **12**
Pepper St. *Hoy* —1A **28**
Peregrine Dri. *Bird* —1F **27**
Perseverance St. *Barn* —6D **10**
Petworth Croft. *Roys* —2H **5**
Peveril Cres. *Barn* —7G **5**
Philip Rd. *Barn* —1K **21**
Phoenix La. *Thurn* —1J **25**
Pickhill's Av. *Gold* —3K **25**
Pickup Cres. *Wom* —7F **23**
Pike Lowe Dri. *Map* —6D **4**
Pilley Grn. *Tank* —4D **26**
Pilley Hill. *Dod* —2K **19**
Pilley La. End. *Tank* —2C **26**
Pindar Oaks Cotts. *Barn* —7H **11**
Pindar Oaks St. *Barn* —7G **11**
Pindar St. *Barn* —7H **11**
Pine Clo. *Barn* —2J **21**
Pine Clo. *Hoy* —4A **28**
Pinehall Dri. *Barn* —4J **11**
Pinewood Clo. *Gt H* —4B **14**
Pinfold Clo. *Gt H* —5C **14**
Pinfold Cotts. *Cud* —1E **12**
Pinfold Hill. *Wors* —2G **21**
Pinfold La. *Darf* —3K **23**
Pinfold La. *Roys* —3J **5**
Pinfold La. *Silk C & Thurg* —5E **18**
Pit La. *Wom* —6C **22**
Pit Row. *Hem* —3E **28**
Pitt La. *Map* —5A **4**
Pitt St. *Barn* —6E **10**
Pitt St. *Wom* —3G **23**
Pitt St. W. *Barn* —7D **10**
Plantation Av. *Roys* —3K **5**
Platts Comn. Ind. Est. *Hoy* —2K **27**

Playford Yd. *Hoy* —1K **27**
Pleasant Av. *Gt H* —5C **14**
Pleasant View. *Cud* —3E **12**
Pleasant View St. *Barn* —3E **10**
Plover Dri. *Bird* —1F **27**
Plumber St. *Barn* —6D **10**
Plumpton Ct. *Thurl* —5B **16**
Plumpton Way. *Pen* —5B **16**
Pogmoor La. *Barn* —5A **10**
Pogmoor Rd. *Barn* —5B **10**
Pog Well La. *Hghm* —4J **9**
(in two parts)
Pollitt St. *Barn* —4D **10**
Pollyfox Way. *Dod* —1K **19**
Pond St. *Barn* —7E **10**
(in two parts)
Pontefract Rd. *Barn* —6F **11**
Pontefract Rd. *Brmp* —1K **29**
Pontefract Rd. *Cud* —6D **6**
Pools La. *Roys* —3A **6**
Poplar Av. *Gold* —3J **25**
Poplar Av. *Shaf* —4E **6**
Poplar Gro. *Lun* —3A **12**
Poplar Rd. *Wom* —6G **23**
Poplars Rd. *Barn* —1H **21**
Poplar St. *Grime* —1K **13**
Poplar Ter. *Roys* —2K **5**
Porter Av. *Barn* —5C **10**
Porter Ter. *Barn* —5B **10**
Portland St. *Barn* —7H **11**
Potts Cres. *Gt H* —5C **14**
Poulton St. *Barn* —1K **11**
Powder Mill La. *Wors* —5J **21**
Powell St. *Wors* —4H **21**
Powerhouse Sq. *Hoy* —5D **28**
(off Forge La.)
Preston Av. *Jump* —2C **28**
Preston Way. *Barn* —1K **11**
Priest Croft La. *Barn* —7H **13**
Priestley Av. *Dart* —6G **3**
Primrose Av. *Darf* —3H **23**
Primrose Clo. *Bolt D* —5F **25**
Primrose Hill. *Hoy* —4A **28**
Primrose Way. *Hoy* —5A **28**
Prince Arthur St. *Barn* —5D **10**
Princess Clo. *Bolt D* —6F **25**
Princess Gdns. *Wom* —4H **23**
Princess Gro. *Tank* —4C **26**
Princess Rd. *Gold* —3J **25**
Princess St. *Barn* —6E **10**
Princess St. *Cud* —5E **6**
Princess St. *Grime* —1J **13**
Princess St. *Hoy* —4H **27**
Princess St. *Map* —5A **4**
Princess St. *Wom* —4H **23**
Priory Clo. *Wors* —6F **21**
Priory Cres. *Barn* —4A **12**
Priory Pl. *Barn* —3A **12**
Priory Rd. *Barn* —3A **12**
Priory Rd. *Bolt D* —6G **25**
Probert Av. *Gold* —3H **25**
Prospect Cotts. *Barn* —1F **21**
Prospect Rd. *Bolt D* —5G **25**
Prospect Rd. *Cud* —1D **12**
Prospect St. *Barn* —6D **10**
Prospect St. *Cud* —7D **6**
Providence St. *Barn* —7E **10**
Providence St. *Wom* —4H **23**
Psalters Dri. *Oxs* —7K **17**
Pye Av. *Cud* —3F **13**
Pye Av. *Map* —6A **4**

Quaker La. *Ard* —7C **12**
Quaker La. *Barn* —3H **11**
Quarry Bank. *Wath D* —3K **29**
Quarry Clo. *Barn* —6H **3**
Quarry La. *Dart* —3A **24**
Quarry Rd. *B Hill* —7K **21**
Quarry St. *Barn* —7F **11**
Quarry St. *Cud* —7D **6**
Quarry St. *Monk B* —2G **11**
Quarry Vale. *Cud* —2D **12**
Queen Rd. *Grime* —1K **13**
Queen's Av. *Barn* —5D **10**
Queen's Av. *Lit H* —1B **24**
Queens Cres. *Hoy* —4G **27**
Queen's Dri. *Barn* —4C **10**
Queen's Dri. *Cud* —5E **6**
Queen's Dri. *Dod* —1K **19**
Queen's Dri. *Shaf* —3D **6**
Queens Gdns. *Barn* —4C **10**
Queens Gdns. *Hoy* —4H **27**

Queens Gdns. *Wom* —6F **23**
Queen's Rd. *Barn* —6F **11**
Queen's Rd. *Cud* —5E **6**
Queen St. *Barn* —6F **11**
Queen St. *Darf* —2K **23**
Queen St. *Gold* —3J **25**
Queen St. *Grime* —1J **13**
Queen St. *Hoy* —4G **27**
Queen St. *Pen* —5G **17**
Queen St. *Thurn* —1J **25**
Queen St. S. *Barn* —6E **10**
Queensway. *Barn* —4C **10**
Queensway. *Hoy* —3B **28**
Queensway. *Roys* —2J **5**
Queensway. *Wors* —4H **21**
Quern Way. *Darf* —2J **23**
Quest Av. *Hem* —1E **28**

Racecommon La. *Barn* —1D **20**
Racecommon Rd. *Barn* —1D **20**
Race St. *Barn* —6F **11**
Radcliffe Rd. *Barn* —6F **5**
Railway Cotts. *Dod* —1J **19**
Railway Ter. *Gold* —3H **25**
Railway View. *Gold* —3J **25**
Rainborough M. *Brmp B* —2K **29**
Rainborough Rd. *Wath D* —3K **29**
Rainboro View. *Hem* —2E **28**
Rainford Dri. *Barn* —1K **11**
Rainton Gro. *Barn* —4B **10**
Raley St. *Barn* —1D **20**
(in two parts)
Ratten Row. *Dod* —2J **19**
Ravenfield Dri. *Barn* —2G **11**
Ravenholt. *Wors* —4G **21**
Raven La. *S Hien* —1C **6**
Ravens Clo. *Map* —6B **4**
Ravens Ct. *Wors* —4H **21**
Ravenshaw Clo. *Barn* —4B **10**
Ravensmead Ct. *Bolt D* —7G **25**
Raymond Av. *Grime* —1J **13**
Raymond Rd. *Barn* —7K **11**
Rear of John St. *Thurn* —7H **15**
(off John St.)
Reasbeck Ter. *Barn* —2F **11**
Rebecca Row. *Barn* —7F **11**
Rectory Clo. *Carl* —5K **5**
Rectory Clo. *Thurn* —7F **15**
Rectory Clo. *Wom* —6F **23**
Rectory La. *Thurn* —1F **25**
Rectory Way. *Barn* —4K **11**
Redbrook Bus. Pk. *Barn* —3B **10**
Redbrook Rd. *Barn* —3C **10**
Redbrook Rd. *Gaw & Barn* —3A **10**
Redbrook View. *Barn* —3C **10**
Redbrook Wlk. *Barn* —3C **10**
Redcliffe Clo. *Barn* —3B **10**
Redfearn St. *Barn* —5F **11**
Redhill Av. *Barn* —1J **21**
Redland Gro. *Map* —4B **4**
Redthorne Way. *Shaf* —3D **6**
Redthorpe Crest. *Barn* —3A **10**
Redwood Av. *Roys* —3J **5**
Redwood Clo. *Hoy* —4K **27**
Reed Clo. *Darf* —3J **23**
Regent Cres. *Barn* —3C **10**
Regent Cres. *Barn* —7F **5**
Regent Gdns. *Barn* —4E **10**
Regent Ho. *Barn* —6F **11**
Regent St. *Barn* —5E **10**
Regent St. *Hoy* —4G **27**
Regent St. *S Hien* —1B **7**
Regent St. S. *Barn* —5E **10**
Regina Cres. *Brier* —4G **7**
Reginald Rd. *Barn* —1K **21**
Reginald Rd. *Wom* —6H **23**
Renald La. *Hoy S* —2G **17**
Rhodes Ter. *Barn* —7G **11**
Riber Av. *Barn* —7G **5**
Richard Av. *Barn* —1G **11**
Richard Rd. *Barn* —1G **11**
Richard Rd. *Dart* —6H **3**
Richardson Wlk. *Wom* —4D **22**
Richard St. *Barn* —6D **10**
Richmond Av. *Dart* —7H **3**
Richmond Rd. *Thurn* —7G **15**
Richmond St. *Barn* —6D **10**
Ridgewalk Way. *Wors* —2F **21**
Ridgeway Cres. *Barn* —5J **5**
Ridgway Av. *Darf* —2J **23**
Ridings Av. *Barn* —7H **11**

Ridings, The. *Barn* —2H **11**
Rimington Rd. *Wom* —5F **23**
Rimini Rise. *Darf* —3G **23**
Ringstone Gro. *Brier* —3J **7**
Ringway. *Bolt D* —6F **25**
Ripley Gro. *Barn* —3B **10**
Risedale Rd. *Gold* —4K **25**
Riverside Clo. *Darf* —3A **24**
Riverside Gdns. *Bolt D* —7H **25**
Roache Dri. *Gold* —4G **25**
Robert Av. *Barn* —5K **11**
Roberts St. *Cud* —7D **6**
Roberts St. *Wom* —6E **22**
Robin Hood Av. *Roys* —2K **5**
Robin La. *Hems* —1H **7**
Robin La. *Roys* —2K **5**
Robinson's Sq. *Bird* —2E **26**
Rob Royd. *Dod* —2K **19**
Rob Royd La. *Wors* —3C **20**
Rob Royd La. *Barn* —3D **20**
Roche Clo. *Barn* —4H **11**
Rochester Rd. *Barn* —3H **11**
Rockingham Bus. Pk. *Bird* —3F **27**
Rockingham Clo. *Bird* —3F **27**
Rockingham Rd. *Dod* —2A **20**
Rockingham Row. *Bird* —3F **27**
Rockingham St. *Barn* —3E **10**
Rockingham St. *Bird* —3F **27**
Rockingham St. *Grime* —7J **7**
Rockingham St. *Hoy* —3H **27**
Rockley Av. *Bird* —1E **26**
Rockley Av. *Wom* —7D **22**
Rockley Cres. *Bird* —2E **26**
Rockley La. *Wors* —6C **20**
Rockleys. *Dod* —2A **20**
Rockley View. *Tank* —3D **26**
Rock Mt. *Hoy* —3B **28**
Rock Side Rd. *Thurl* —5C **16**
Rock St. *Barn* —5D **10**
Rockwood Clo. *Darf* —5K **3**
Rodes Av. *Gt H* —6C **14**
Roebuck Hill. *Jump* —1B **28**
Roebuck St. *Wom* —7F **23**
Roeburn Clo. *Map* —4A **4**
Roehampton Rise. *Barn* —7B **12**
Roger Rd. *Barn* —5A **12**
Roman Rd. *Dart* —7H **3**
Roman St. *Thurn* —6J **15**
Rookdale Clo. *Barn* —3B **10**
Rookhill. *Wors* —3J **21**
Rose Av. *Darf* —1H **23**
Roseberry Clo. *Hoy* —5A **28**
Rosebery St. *Barn* —7K **11**
Rosebery Ter. *Barn* —7F **11**
Rosedale Gdns. *Barn* —6C **10**
Rose Gro. *Wom* —4D **22**
Rose Hill Clo. *Pen* —6F **17**
Rosehill Cotts. *Har* —7A **28**
Rosehill Ct. *Barn* —5E **10**
Rose Hill Dri. *Dod* —1K **19**
Rose Pl. *Wom* —4E **22**
Rose Tree Av. *Cud* —7D **6**
Rose Tree Ct. *Cud* —7D **6**
Roseville. *Darf* —2J **23**
Rotherham Rd. *Barn* —1F **11**
Rotherham Rd. *Lit H & Gt H* —2B **24**
Rotherham Rd. *Wath D* —3K **29**
Rother St. *Brmp* —1J **29**
Roughbirchworth La. *Oxs* —7K **17**
Round Grn. La. *S'boro* —4B **20**
Round Hill. *Map* —6A **4**
Roundwood Ct. *Wors* —4G **21**
Roundwood Way. *Darf* —2H **23**
Rowan Clo. *Barn* —1F **21**
Rowan Dri. *Barn* —4B **10**
Rowland Rd. *Barn* —4C **10**
Rowland St. *Roys* —2K **5**
Royal Ct. *Hoy* —3B **28**
Royal St. *Barn* —6E **10**
Royd Av. *Cud* —1D **12**
Royd Av. *Map* —5B **4**
Royd Av. *Mil G* —5A **16**
Royd Clo. *Wors* —4F **21**
Royd Field La. *Pen* —7F **17**
Royd La. *Hghm* —4G **9**
(in two parts)
Royd La. *Mil G* —4A **16**
Royd Moor Ct. *Thurl* —4C **16**
Royd Moor Rd. *Thurl* —3A **16**
Royds La. *Els* —4E **28**
Royd View. *Brier* —3J **7**
Roy Kilner Rd. *Wom* —4D **22**
(in two parts)

Royston Cotts. *Hoy* —3K **27**
Royston Hill. *Hoy* —3K **27**
Royston La. *Roys* —4J **5**
Royston Rd. *Cud* —5C **6**
Rud Broom Clo. *Pen* —6E **16**
Rud Broom La. *Pen* —5D **16**
Rufford Av. *Barn* —6G **5**
Rufford Rise. *Gold* —4G **25**
Rushworth Clo. *Dart* —6G **3**
Ruskin Clo. *Wath D* —2K **29**
Russell Clo. *Barn* —5K **11**
Rutland Pl. *Wom* —6D **22**
Rutland Way. *Barn* —4C **10**
Rydal Clo. *Bolt D* —7G **25**
Rydal Clo. *Pen* —4F **17**
Rydal Ter. *Barn* —6G **11**
Rye Croft. *Barn* —1G **11**
Rylstone Wlk. *Barn* —2K **21**
Ryton Av. *Wom* —7H **23**

Sackup La. *Dart* —5K **3**
Sackville St. *Barn* —5D **10**
Sadler Ga. *Barn* —5E **10**
Sadler's Ga. *Wom* —4E **22**
St Andrews Cres. *Hoy* —3A **28**
St Andrews Dri. *Dart* —5A **4**
St Andrews Rd. *Hoy* —3A **28**
St Andrew's Sq. *Bolt D* —6G **25**
St Andrews Way. *Barn* —1C **22**
St Anne's Dri. *Barn* —7K **5**
St Austell Dri. *B Grn* —3J **9**
St Barbara's Rd. *Darf* —3H **23**
St Bart's Ter. *Barn* —7F **11**
St Catherine's Way. *Barn* —7F **11**
St Christophers Clo. *Barn* —1C **22**
St Clements Clo. *Barn* —1C **22**
St David's Dri. *Barn* —7B **12**
St Edward's Av. *Barn* —7D **10**
St Francis Boulevd. *Barn* —7K **5**
St George's Rd. *Barn* —6E **10**
St Helen's La. *Barn* —2H **11**
St Helen's Boulevd. *Barn* —1H **11**
St Helens Clo. *Thurn* —7F **15**
St Helens Ct. *Hoy* —3C **28**
St Helen's St. *Els* —3C **28**
St Helen's View. *Barn* —2J **11**
St Helen's Way. *Barn* —2K **11**
St Helier Dri. *Barn* —5B **10**
St Hilda Av. *Barn* —6C **10**
St Hildas Clo. *Thurn* —6J **15**
St James' Clo. *Wors* —4G **21**
St James Sq. Hoy —3A **28**
(off High St.)
St John's. *Hoy S* —2H **17**
St John's Av. *B Grn* —3J **9**
St John's Clo. *Dod* —1J **19**
St John's Clo. *Pen* —6E **16**
St John's Rd. *Barn* —7E **10**
St John's Rd. *Cud* —1D **12**
St John's Wlk. *Roys* —3K **5**
St Julien's Mt. *Caw* —3C **8**
St Julien's Way. *Caw* —3C **8**
St Leonards Way. *Barn* —1C **22**
St Lukes Way. *Barn* —4J **11**
St Martin's Clo. *Barn* —6B **10**
St Mary's Clo. *Cud* —7D **6**
St Marys Gdns. *Wors* —6G **21**
St Mary's Ga. *Barn* —6E **10**
St Mary's Pl. *Barn* —5E **10**
St Mary's Rd. *Darf* —3K **23**
St Mary's Rd. *Wom* —6E **22**
St Mary's St. *Pen* —5F **17**
St Matthews Way. *Barn* —4J **11**
St Michael's Av. *Barn* —1K **11**
St Michaels Clo. *Gold* —3H **25**
St Owens Dri. *Barn* —5B **10**
St Paul's Pde. *Barn* —7B **12**
St Peters Ga. *Thurn* —6G **15**
St Peter's Ter. *Barn* —7G **11**
St Thomas's Rd. *Barn* —3A **10**
Salcombe Clo. *Map* —6C **4**
Salerno Way. *Darf* —2G **23**
Sale St. *Hoy* —4G **27**
Salisbury St. *Barn* —4J **11**
Saltersbrook. *Gold* —3H **25**
Saltersbrook Flats. *Gold* —3H **25**
Saltersbrook Rd. *Darf* —1H **23**
Salters Way. *Pen* —7F **17**
Samuel Rd. *Barn* —4B **10**
Samuel Sq. *Barn* —4B **10**
Sandbeck Clo. *Barn* —4E **10**

Sandcroft Clo. *Hoy* —5J **27**
Sanderson M. *Pen* —5F **17**
Sandford Ct. *Barn* —6D **10**
Sandhill Ct. *Gt H* —6D **14**
Sandhill Gro. *Grime* —5J **7**
Sandringham Clo. *Thurl* —4C **16**
Sandybridge La. *Shaf* —1D **6**
Sandybridge La. Ind. Est. *Shaf* —3D **6**
Sandy La. *Wom* —6A **22**
Sankey Sq. *Gold* —3H **25**
Saunderson Rd. *Pen* —4D **16**
Saunder's Row. *Wom* —6E **22**
Savile Wlk. *Brier* —3K **7**
Saville Ct. *Hoy* —4H **27**
Saville Hall La. *Dod* —2K **19**
Saville La. *Thurl* —5C **16**
Saville Rd. *Dod* —2K **19**
Saville St. *Cud* —7D **6**
Saville Ter. *Barn* —7E **10**
Saxon Cres. *Wors* —3G **21**
Saxon St. *Cud* —1D **12**
Saxon St. *Thurn* —7J **15**
Saxton Clo. *Els* —3D **28**
Scarfield Clo. *Barn* —7B **12**
Scar La. *Barn* —7B **12**
Sceptone Gro. *Shaf* —3E **6**
Schofield Dri. *Darf* —2J **23**
Schofield Pl. *Darf* —2J **23**
Schofield Rd. *Darf* —2J **23**
Schole Av. *Pen* —5E **16**
Schole Hill La. *Pen* —6D **16**
Scholes View. *Hoy* —4A **28**
Scholes View. *Jump* —2B **28**
School Hill. *Cud* —7D **6**
School St. *Barn* —4D **10**
School St. *Bolt D* —6G **25**
School St. *Cud* —6D **6**
School St. *Dart* —2K **23**
School St. *Dart* —5J **3**
School St. *Gt H* —5C **14**
(in two parts)
School St. *Hem* —1E **28**
School St. *Map* —5C **4**
School St. *Stair* —7K **11**
School St. *Thurn* —7H **15**
School St. *Wom* —5F **23**
Selbourne Clo. *B Grn* —2J **9**
Selby Rd. *Barn* —7F **5**
Sennen Croft. *Barn* —4H **11**
Seth Ter. *Barn* —7G **11**
Shackleton View. *Pen* —6F **17**
Shaftesbury Dri. *Hoy* —4K **27**
Shaftesbury St. *Barn* —7A **12**
Shafton Hall Dri. *Shaf* —3D **6**
Shambles St. *Barn* —6E **10**
Shawfield Rd. *Barn* —7K **5**
Shaw La. *Barn* —6C **10**
Shaw La. *Carl* —5K **5**
Shaw La. *Map* —4C **4**
Shaw St. *Barn* —6D **10**
Sheaf Ct. *Barn* —1K **21**
Sheaf Cres. *Bolt D* —7H **25**
Shed La. *S'boro* —6B **20**
Sheerien Clo. *Barn* —6E **4**
Sheffield Rd. *Barn* —7F **11**
Sheffield Rd. *Bird* —7E **20**
Sheffield Rd. *Hoy* —4G **27**
Sheffield Rd. *Pen & Oxs* —5G **17**
Shelley Clo. *Pen* —4F **17**
Shelley Dri. *Barn* —4G **11**
Shepherd La. *Thurn* —1H **25**
Shepherd St. *Barn* —7F **11**
Sherburn Rd. *Barn* —7E **4**
Sheridan Ct. *Barn* —4H **11**
Sherwood St. *Barn* —6F **11**
Sherwood Way. *Cud* —5C **6**
Shield Av. *Wors* —3G **21**
Shipcroft Clo. *Wom* —6G **23**
Shirland Av. *Barn* —1G **11**
Shore Hall La. *Mil G* —6A **16**
Shore St. *Wom* —6F **23**
Shortfield Ct. *Barn* —6E **4**
Short Row. *Barn* —2F **11**
Short St. *Hoy* —4H **27**
Short Wood Clo. *Bird* —7F **21**
Shortwood La. *Clay* —3E **14**
Shortwood Vs. *Hoy* —2G **27**
Shrewsbury Clo. *Pen* —5F **17**
Shrewsbury Rd. *Pen* —5F **17**
Shroggs Head Clo. *Darf* —2K **23**
Sidcop Rd. *Cud* —5C **6**
(in two parts)
Siena Clo. *Darf* —3G **23**

Sike Clo. *Dart* —5G **3**
Sike La. *Pen* —7C **16**
Silkstone Clo. *Tank* —4D **26**
Silkstone La. *Caw* —3D **8**
Silkstone View. *Hoy* —1A **28**
Silverstone Av. *Cud* —7E **6**
Silver St. *Barn* —7E **10**
(in two parts)
Silver St. *Dod* —2K **19**
Simons Way. *Wom* —3D **22**
Sitka Clo. *Roys* —3H **5**
Skelton Av. *Map* —5B **4**
Skiers View Rd. *Hoy* —4J **27**
Skiers Way. *Hoy* —4J **27**
Skinpit La. *Hoy S* —2J **17**
Skye Croft. *Roys* —1J **5**
Slack La. *S Hien* —1C **6**
Slant Ga. *Mil G* —4A **16**
Small La. *Caw* —7A **8**
Smithies La. *Barn* —3E **10**
Smithies St. *Barn* —3E **10**
Smithley La. *Wom* —5B **22**
Smith St. *Wom* —7C **22**
Smithy Bri. La. *Wom* —2F **29**
(in two parts)
Smithy Grn. Rd. *Barn* —2F **11**
Smithy Wood La. *Dod* —2K **19**
Snailsden Way. *Map* —6D **4**
Snape Hill Rd. *Darf* —3H **23**
Snetterton Clo. *Cud* —7E **6**
Snowden Ter. *Wom* —5F **23**
Snow Hill. *Dod* —2K **19**
Snydale Rd. *Cud* —7D **6**
Sokell Av. *Wom* —6E **22**
Somerset Ct. *Cud* —1D **12**
Somerset St. *Barn* —5D **10**
Somerset St. *Cud* —1D **12**
Sorrento Way. *Darf* —1H **23**
South Clo. *Roys* —1K **19**
South Cres. *Dod* —1K **19**
South Croft. *Shaf* —3E **6**
South Dri. *Bolt D* —7F **25**
South Dri. *Roys* —4J **5**
Southfield Cotts. *Barn* —5J **5**
Southfield Cres. *Thurn* —1F **25**
Southfield La. *Thurn* —2F **25**
Southfield Rd. *Cud* —3E **12**
Southgate. *Barn* —4C **10**
Southgate. *Pen* —6G **17**
South Ga. *S Hien* —1G **7**
South La. *Caw* —6A **8**
Southlea Av. *Hoy* —4B **28**
Southlea Clo. *Hoy* —4B **28**
Southlea Dri. *Hoy* —4A **28**
Southlea Rd. *Hoy* —4B **28**
South Pl. *Barn* —4B **10**
South Pl. *Wom* —5D **22**
South Rd. *Barn* —6D **10**
South St. *Darf* —3J **23**
South St. *Dod* —2K **19**
South View. *Darf* —3J **23**
South View. *Grime* —1H **13**
S. View Rd. *Hoy* —4K **27**
Southwell St. *Barn* —5D **10**
S. Yorkshire (Redbrook) Ind. Est. *Barn* —2A **10**
Sparkfields. *Map* —6B **4**
Spark La. *B Grn & Map* —7A **4**
Spa Well Gro. *Brier* —3J **7**
Spa Well Ter. *Barn* —5F **11**
Spencer St. *Barn* —7E **10**
Springbank. *Darf* —3K **23**
Springbank Clo. *Barn* —6J **5**
Spring Dri. *Brmp* —1J **29**
Springfield. *Bolt D* —6E **24**
Springfield Clo. *Darf* —3K **23**
Springfield Cres. *Darf* —3K **23**
Springfield Cres. *Hoy* —4J **27**
Springfield Pl. *Barn* —6C **10**
Springfield Rd. *Grime* —7H **7**
Springfield Rd. *Hoy* —4H **27**
Springfield St. *Barn* —6C **10**
Springfield Ter. *Barn* —6D **10**
Spring Gdns. *Barn* —3J **11**
Spring Gdns. *Hoy* —3A **28**
Springhill Av. *Brmp* —1J **29**
Spring La. *Barn* —6J **5**
Spring La. *Wool* —2C **4**
Spring St. *Barn* —7E **10**
Spring Vale Av. *Wors* —4F **21**

Springvale Rd. *Gt H* —5C **14**
Spring Wlk. *Wom* —4D **22**
Springwood Rd. *Hoy* —4J **27**
Spruce Av. *Roys* —3H **5**
Spry La. *Clay* —3E **14**
Square, The. *Barn* —7D **10**
Square, The. *Grime* —1K **13**
Square, The. *Harl* —7K **27**
Stacey Cres. *Grime* —7H **7**
Stainborough Clo. *Dod* —2K **19**
Stainborough La. *Hood G* —6J **19**
Stainborough Rd. *Dod* —2K **19**
Stainborough View. *Tank* —3D **26**
Stainborough View. *Wors* —3F **21**
Staincross Comn. *Map* —4B **4**
Stainley Clo. *Barn* —3B **10**
Stainmore Clo. *Silk* —7D **8**
Stainton Clo. *Barn* —1H **21**
Stairfoot Ind. Est. *Barn* —1A **22**
Stamford Way. *Map* —4B **4**
Stanbury Clo. *Barn* —3B **10**
Standhill Cres. *Barn* —7E **4**
Stanhope Av. *Caw* —2D **8**
Stanhope Gdns. *Barn* —4C **10**
Stanhope St. *Barn* —6D **10**
Stanley Rd. *Barn* —1A **22**
Stanley St. *Barn* —6D **10**
Stanley St. *Cud* —2E **12**
Star La. *Barn* —6E **10**
Station Cotts. *Dart* —5G **3**
Station Rd. *Barn* —5D **10**
Station Rd. *Bolt D* —6G **25**
Station Rd. *Dart* —5J **3**
Station Rd. *Dod* —1J **19**
Station Rd. *Lun* —2B **12**
Station Rd. *Roys* —1H **5**
Station Rd. *Thurn* —7H **15**
Station Rd. *Wom* —5G **23**
   (in two parts)
Station Rd. *Wors* —4J **21**
Station Rd. Ind. Est. *Wom* —4G **23**
Station Ter. *Roys* —2A **6**
Steadfield Rd. *Hoy* —4H **27**
Stead La. *Hoy* —4H **27**
Steele St. *Hoy* —4G **27**
Steep La. *Pen* —4F **17**
Steeton Ct. *Barn* —3C **28**
Stevenson Dri. *Hghm* —3J **9**
Stirling Clo. *Els* —3C **28**
Stocks Hill Clo. *Barn* —5J **5**
Stock's La. *Barn* —5C **10**
Stockwith La. *Hoy* —2H **27**
Stonebridge La. *Gt H* —6C **14**
Stone Ct. *S Hien* —1G **7**
Stonegarth Clo. *Cud* —1D **12**
Stonehill Clo. *Hoy* —2J **27**
Stonehill Rise. *Cud* —1D **12**
Stonehill Rise. *Pen* —7E **16**
Stonelea Clo. *Silk* —7D **8**
Stoneleigh Croft. *Barn* —1F **21**
Stone St. *Barn* —3E **10**
Stonewood Gro. *Hoy* —5A **28**
Stonyford Rd. *Wom* —4H **23**
Storey's Ga. *Wom* —5D **22**
Storrs La. *H Grn* —7B **26**
Storrs La. *Oxs* —5A **18**
Storrs Mill La. *Cud* —5G **13**
Stotfold Dri. *Thurn* —7G **15**
Stotfold Rd. *Clay* —4H **15**
Stottercliffe Rd. *Pen* —5D **16**
Strafford Av. *Wors* —2F **21**
Strafford Av. *Wors* —2F **21**
Strafford Dri. *B Dri* —3F **27**
Strafford St. *Dart* —6G **3**
Strafford Wlk. *Dod* —2K **19**
Straight La. *Gold* —3J **25**
Strawberry Gdns. *Roys* —2J **5**
Street Balk. *Thurn* —5J **15**
Street La. *Wen* —7F **29**
Strelley Rd. *Barn* —6E **4**
Stretton Rd. *Barn* —2G **11**
Stuart St. *Thurn* —7J **15**
Stubbs Rd. *Wom* —6E **22**
Stump Cross Gdns. *Bolt D* —6F **25**
Sulby Gro. *Barn* —2K **21**
Summerdale Rd. *Cud* —1C **12**
Summer La. *Barn* —5D **10**
Summer La. *Roys* —2H **5**
Summer La. *Wom* —5D **22**
Summer Rd. *Roys* —2H **5**
Summer St. *Barn* —5D **10**
   (in two parts)
Sunderland Ter. *Barn* —7G **11**

Sunningdale Av. *Dart* —5A **4**
Sunningdale Dri. *Cud* —6E **6**
Sunnybank Dri. *Cud* —2D **12**
Sunny Bank Rise. *Els* —3C **28**
Sunny Bank Rd. *Silk* —7D **8**
Sunnybrook Clo. *Hoy* —5A **28**
Sunrise Mnr. *Hoy* —2A **28**
Surrey Clo. *Barn* —1F **21**
Sutton Av. *Barn* —6F **5**
Swaithedale. *Wors* —3J **21**
Swaithe View. *Wors* —3K **21**
Swale Clo. *Bolt D* —6H **25**
Swallow Clo. *Bird* —1F **27**
Swallow Clo. *Dart* —6H **3**
Swallow Hill Rd. *B Grn* —7A **4**
Swanee Rd. *Barn* —1H **21**
Sweyn Croft. *Wors* —3G **21**
Swift St. *Barn* —5D **10**
Sycamore Av. *Cud* —7D **6**
Sycamore Av. *Grime* —2K **13**
Sycamore Dri. *Roys* —3G **5**
Sycamore St. *Barn* —5C **10**
Sycamore Wlk. *Pen* —5F **17**
Sycamore Wlk. *Thurn* —7H **15**
Sydney Ter. *Barn* —7F **11**
Sykes Av. *Barn* —5D **10**
Sykes St. *King* —1D **20**

T albot Rd. *Pen* —4E **16**
Tamar Clo. *Hghm* —4J **9**
Tanfield Clo. *Roys* —2G **5**
Tankersley La. *Hoy* —5F **27**
Tank Row. *Barn* —6K **11**
Tan Pit Clo. *Clay* —3H **15**
Tan Pit La. *Bolt D* —5H **25**
Tan Pit La. *Clay* —3H **15**
Tanyard. *Dod* —2J **9**
Tavy Clo. *B Grn* —2J **9**
Taylor Cres. *Grime* —1K **13**
Taylor Hill. *Caw* —3C **8**
Taylor Row. *Barn* —7F **11**
Tea Pot Corner. *Clay* —3H **15**
Tempest Av. *Darf* —1J **23**
Temple Way. *Barn* —4K **11**
Tennyson Clo. *Pen* —4F **17**
Tennyson Rd. *Barn* —3H **11**
Tenter Hill. *Thurl* —4C **16**
Tenters Grn. *Wom* —4J **21**
Thicket La. *Wors* —4J **21**
Thicket La. *Pen* —7G **17**
Thirlmere Rd. *Barn* —6G **11**
Thomas St. *Barn* —7F **11**
Thomas St. *Darf* —3K **23**
Thomas St. *Wors* —3G **21**
Thompson Rd. *Wom* —6F **23**
Thoresby Av. *Barn* —4J **11**
Thorne Clo. *Barn* —7E **4**
Thorne End Rd. *Map* —4B **4**
Thornely Av. *Dod* —7K **9**
Thornley Cotts. *Dod* —1K **19**
Thornley Sq. *Dod* —1K **19**
Thornley Sq. *Thurn* —7F **15**
Thornley Vs. *Bird* —2E **26**
Thornton Rd. *Barn* —1J **21**
Thornton Ter. *Barn* —1J **21**
Thorntree Rd. *Barn* —4D **10**
Three Nooks La. *Cud* —5D **6**
Thrumpton Rd. *Barn* —5F **5**
Thruxton Clo. *Cud* —7E **6**
Thurgoland Hall La. *Thurg* —7E **18**
Thurlstone Rd. *Pen* —4D **16**
Thurnscoe Bri. La. *Thurn* —2H **25**
Thurnscoe Bus. Pk. *Thurn* —1J **25**
Thurnscoe La. *Gt H* —6D **14**
Thurnscoe Rd. *Bolt D* —6G **25**
Timothy Wood Av. *Barn* —1F **27**
Tingle Bri. Av. *Hem* —2E **28**
Tingle Bri. Cres. *Hem* —2E **28**
Tingle Bri. La. *Hem* —2E **28**
Tingle Clo. *Hem* —2E **28**
Tinker La. *Pen* —2K **7**
Tinsley Rd. *Hoy* —2K **27**
Tippit La. *Dart* —5D **4**
Tipsey Hill. *Dart* —5D **4**
Tithe Laithe. *Hoy* —3A **28**
Tivy Dale. *Caw* —3C **8**
Tivy Dale Dri. *Caw* —3C **8**
Tivydale Dri. *Dart* —7J **3**
Tivy Dale Rd. *Caw* —3C **8**
Togo Bldgs. *Thurn* —1G **25**
Togo St. *Thurn* —1G **25**
Tolbar Clo. *Oxs* —7K **17**

Tomlinson Rd. *Els* —3B **28**
Topcliffe Rd. *Barn* —2G **11**
Top Fold. *Barn* —7C **12**
Top La. *Clay* —3F **15**
Top Row. *Barn* —3J **3**
Tor Clo. *Barn* —2H **11**
Torver Dri. *Bolt D* —7G **25**
Totley Clo. *Barn* —7H **5**
Tower St. *Barn* —1E **20**
Towngate. *Dart* —5B **4**
Towngate. *Silk* —7D **8**
Towngate. *Thurl* —4C **16**
Tranmoor Ct. *Hoy* —4H **27**
Tredis Clo. *Barn* —4H **11**
Treecrest Rise. *Barn* —3E **10**
Treelands. *Barn* —4B **10**
Trelawney Wlk. *Wors* —3F **21**
Trewan Ct. *Barn* —4H **11**
Troutbeck Clo. *Thurn* —1G **25**
Trowell Way. *Barn* —6F **5**
Trueman Ter. *Barn* —5A **12**
Truro Ct. *Barn* —4H **11**
Tudor St. *Thurn* —7J **15**
Tudor Way. *Wors* —3G **21**
Tumbling La. *Barn* —1B **12**
Tune St. *Barn* —7G **11**
Tune St. *Wom* —6E **22**
Turnberry Gro. *Cud* —6E **6**
Turner Av. *Wom* —5D **22**
Turner's Clo. *Jump* —2B **28**
Turner St. *Gt H* —6C **14**
Turnesc Gro. *Thurn* —1H **25**
Tuxford Cres. *Barn* —5H **11**
Twibell St. *Barn* —4G **11**

U llswater Clo. *Bolt D* —7G **25**
Ullswater Rd. *Barn* —7D **12**
Underhill. *Wors* —4H **21**
Underwood Av. *Wors* —2H **21**
Union Ct. *Barn* —7F **11**
Union St. *Barn* —7F **11**
Unwin Cres. *Pen* —6F **17**
Unwin St. *Pen* —6F **17**
Uplands Av. *Dart* —6G **3**
Up. Charter Arc. *Barn* —6F **11**
   (off Cheapside)
Up. Cliffe Rd. *Dod* —7J **9**
Up. Field La. *Dart* —5A **2**
Up. Folderings. *Dod* —1K **19**
Up. Forest Rd. *Barn* —6F **5**
Up. High Royds. *Dart* —6A **4**
Up. Hoyland Rd. *Hoy* —1H **27**
Up. May Day Grn. Arc. *Barn* —6F **11**
   (off Cheapside)
Up. New St. *Barn* —7F **11**
Up. Sheffield Rd. *Barn* —1G **21**
Upperwood Rd. *Darf* —2G **23**
Upton Clo. *Wom* —4D **22**

V aal St. *Barn* —7H **11**
Vale View. *Oxs* —7K **17**
Valley Rd. *Map* —5A **4**
Valley Rd. *Wom* —4G **23**
Valley Way. *Hoy* —3A **28**
Valley Way. *Wom* —5G **23**
Vancouver Dri. *Bolt D* —6F **25**
Vaughan Rd. *Barn* —4B **10**
Vaughan Ter. *Gt H* —5C **14**
Velvet Wood Clo. *Barn* —4A **10**
Velvet Wood Clo. *Hoy* —4H **27**
Venetian Cres. *Dart* —3H **23**
Vernon Av. *Barn* —1F **21**
Vernon Clo. *Barn* —1F **21**
Vernon Cres. *Wors* —3F **21**
Vernon Rd. *Wors* —3F **21**
Vernon St. *Barn* —5F **11**
Vernon St. *Bird* —3F **27**
Vernon St. *Hoy* —4K **27**
Vernon St. N. *Barn* —5F **11**
Vernon Ter. *Barn* —7G **11**
   (off Gold St.)
Vernon Way. *Barn* —4B **10**
Verona Rise. *Darf* —3J **23**
Vicarage Clo. *Hoy* —4H **27**
Vicarage Farm Ct. *Silk* —7E **8**
Vicarage La. *Roys* —3J **5**
Vicarage Wlk. *Pen* —5F **17**
Vicar Cres. *Darf* —3K **23**
Vicar Rd. *Darf* —3K **23**
Victoria Av. *Barn* —5E **10**
Victoria Cres. *Barn* —5D **10**

Victoria Cres. *Bird* —2E **26**
   (off Chapel St.)
Victoria Cres. W. *Barn* —5D **10**
Victoria Rd. *Barn* —5E **10**
Victoria Rd. *Roys* —2K **5**
Victoria Rd. *Wom* —5F **23**
Victoria St. *Barn* —5E **10**
Victoria St. *Cud* —7D **6**
Victoria St. *Darf* —2K **23**
Victoria St. *Gold* —3J **25**
Victoria St. *Hoy* —3B **28**
Victoria St. *Pen* —5F **17**
Victoria St. *Stair* —7K **11**
Victoria Ter. *Barn* —7G **11**
Victor Ter. *Barn* —7G **11**
Viewland Clo. *Cud* —2E **12**
Viewlands. *Silk C* —3E **18**
Viewlands Clo. *Pen* —3F **17**
Viewtree Clo. *Har* —7K **27**
Vincent Rd. *Barn* —4B **12**
Vincent St. *Thurn* —1K **25**
Vine Clo. *Barn* —3J **11**
Violet Farm Ct. *Brier* —4J **7**
Vissitt La. *Hems* —1J **7**
Vizard Rd. *Hoy* —3C **28**

W addington Rd. *Barn* —5B **10**
Wade St. *Barn* —5B **10**
Wager La. *Brier* —3J **7**
Wainscott Clo. *Barn* —2J **11**
Wainwright Av. *Wom* —5D **22**
Wainwright Pl. *Wom* —5D **22**
Wakefield Rd. *Clay W* —1A **2**
Wakefield Rd. *Wool & Barn* —3C **4**
Walbert Av. *Thurn* —1G **25**
Walbrook. *Wors* —4H **21**
Walker Rd. *Tank* —4F **27**
Walkers Ter. *Barn* —2J **11**
Walk, The. *Bird* —3E **26**
Wall St. *Barn* —7E **10**
Walney Fold. *Barn* —1K **11**
Waltham St. *Barn* —7F **11**
Walton St. *Barn* —4C **10**
Walton St. N. *Barn* —4C **10**
Wansfell Ter. *Barn* —6G **11**
Ward St. *Pen* —6F **17**
Wareham Gro. *Dod* —7A **10**
Warner Av. *Barn* —5B **10**
Warner Pl. *Barn* —5C **10**
Warner Rd. *Barn* —5B **10**
Warren Clo. *Roys* —1K **5**
Warren Cres. *Barn* —1F **21**
Warren La. *Dart* —3B **4**
Warren Pl. *Barn* —1F **21**
Warren Quarry La. *Barn* —1F **21**
Warren View. *Barn* —7F **11**
Warren View. *Hoy* —5J **27**
Warren Wlk. *Roys* —2J **5**
   (in two parts)
Warsop Rd. *Barn* —5E **4**
Warwick Rd. *Barn* —4H **11**
Washington Av. *Wom* —6D **22**
Washington Rd. *Gold* —4H **25**
Waterdale Rd. *Wors* —4F **21**
Waterfield Pl. *Barn* —7A **12**
Water Hall La. *Pen* —4F **17**
Water Hall View. *Pen* —4F **17**
Watering La. *Barn* —7E **12**
Watering Pl. La. *Thurl* —5C **16**
Water La. *Raw* —6C **28**
Waterloo Rd. *Barn* —6D **10**
Watermead. *Bolt D* —7H **25**
Water Royd Dri. *Dod* —1K **19**
Waterside Pk. *Wom* —6H **23**
Wath Rd. *Bolt D* —7G **25**
Wath Rd. *Brmp* —6H **23**
Wath Rd. *Els & Hem* —5D **28**
Wath W. Ind. Est. *Wath D* —7A **24**
Watnall Rd. *Barn* —6F **5**
Watson St. *Hoy* —4H **27**
Waveney Dri. *Hghm* —4J **9**
Waycliffe. *Barn* —4J **11**
Wayland Av. *Wors* —3F **21**
Weaver Clo. *Barn* —4H **11**
Weet Shaw La. *Shaf* —5C **6**
Weir Clo. *Hoy* —4A **28**
Welbeck St. *Barn* —5D **10**
Welfare Rd. *Thurn* —7H **15**
Welfare View. *Dod* —7K **9**
Welfare View. *Gold* —4H **25**
Welland Ct. *Hghm* —4J **9**
Welland Cres. *Els* —3C **28**

A-Z Barnsley 39

Wellfield Gro. *Pen* —3F **17**
Wellfield Rd. *Barn* —4D **10**
Wellgate. *Map* —5B **4**
Well Hill Gro. *Roys* —2J **5**
Well Ho. La. *Ing* —2D **16**
Well Ho. La. *Pen* —3F **17**
Wellhouse Way. *Pen* —3F **17**
Wellington Clo. *Barn* —3H **11**
Wellington Cres. *Wors* —2J **21**
Wellington Pl. *Barn* —6D **10**
Wellington St. *Barn* —6E **10**
Wellington St. *Gold* —3J **25**
Well La. *Barn* —2J **11**
Well La. Ct. *Bil* —2D **24**
Wells St. *Cud* —1D **12**
Well's St. *Dart* —6J **3**
Well St. *Barn* —6D **10**
Wendel Gro. *Els* —3D **28**
Wensley Ct. *Barn* —7E **4**
Wensley Rd. *Barn* —7E **4**
Wensley St. *Thurn* —7F **15**
Wentworth Dri. *Map* —6D **4**
Wentworth Cres. *Pen* —5F **17**
Wentworth Dri. *Barn* —4E **10**
Wentworth Ind. Pk. *Tank* —5D **26**
Wentworth Rd. *B Hill* —7K **21**
Wentworth Rd. *Dart* —6H **3**
Wentworth Rd. *Els* —5C **28**
Wentworth Rd. *Jump* —2C **28**
Wentworth Rd. *Map* —3C **4**
Wentworth Rd. *Pen* —4E **16**
(in two parts)
Wentworth St. *Barn* —4E **10**
Wentworth St. *Bird* —2E **26**
Wentworth View. *Hoy* —4A **28**
(Millhouses St.)
Wentworth View. *Hoy* —4J **27**
(Willow Clo.)
Wentworth View. *Wom* —7F **23**
Wentworth Way. *Dod* —2K **19**
Wentworth Way. *Tank* —5D **26**
Wescoe Av. *Gt H* —6C **14**
Wessenden Clo. *Barn* —6A **10**
West Av. *Bolt D* —7F **25**
West Av. *Roys* —2K **5**
West Av. *Wom* —5D **22**
Westbourne Gro. *Barn* —4D **10**
Westbourne Ter. *Barn* —6C **10**
Westbury Clo. *Barn* —3B **10**
West Cres. *Oxs* —6J **17**
West End. *Mil G* —5A **16**
W. End Av. *Roys* —3G **5**
W. End Cres. *Roys* —3G **5**
W. End Rd. *Wath D* —2K **29**
Western St. *Barn* —5E **10**
Western Ter. *Wom* —5E **22**
Westfield Av. *Thurl* —4C **16**
Westfield Cres. *Thurn* —7F **15**
Westfield La. *Barn* —2H **9**
Westfield La. *Thurl* —4B **16**
Westfield Rd. *Brmp & Wath D* —3J **29**
Westfields. *Roys* —2G **5**
Westfields. *Wors* —4G **21**
Westfield St. *Barn* —6D **10**
Westgate. *Barn* —6E **10**
Westgate. *Monk B* —3H **11**
Westgate. *Pen* —6F **17**
West Gro. *Roys* —2G **5**
W. Hall Fold. *Wen* —7C **28**
Westhaven. *Cud* —2E **12**
W. Kirk La. *Lit H* —1C **24**

W. Moor Cres. *Barn* —6A **10**
W. Moor La. *Bolt D & Harl* —6K **25**
West Mt. Av. *Wath D* —1K **29**
W. Pinfold. *Roys* —3J **5**
Westpit Hill. *Brmp B* —2J **29**
West Rd. *Barn* —5B **10**
West St. *Darf* —3J **23**
West St. *Gold* —2J **25**
West St. *Hoy* —3J **27**
West St. *Roys* —2K **5**
West St. *S Hien* —1G **7**
West St. *Wom* —5E **22**
West St. *Wors* —4G **21**
West View. *Barn* —1E **20**
West View. *Cud* —2E **12**
W. View Cres. *Gold* —4G **25**
W. View Ter. *Wors* —4H **21**
Westville Rd. *Barn* —4D **10**
West Way. *Barn* —6E **10**
Westwood Ct. *Barn* —5E **10**
Westwood La. *H Grn* —5B **26**
Westwood New Rd. Barn —4G **27**
(off Sheffield Rd.)
Westwood New Rd. *H Grn* —7D **26**
Whaley Rd. *Barn* —2K **9**
Wharfedale Rd. *Barn* —5A **10**
Wharf St. *Barn* —6E **10**
Wharncliffe. *Dod* —2A **20**
Wharncliffe Clo. *Hoy* —5K **27**
Wharncliffe St. *Barn* —6D **10**
Wharncliffe St. *Carl* —6K **5**
Wheatfield Dri. *Thurn* —1H **25**
Wheatley Clo. *Barn* —3F **11**
Wheatley Rise. *Map* —4B **4**
Wheatley Rd. *Barn* —1A **22**
Whinby Croft. *Dod* —1K **19**
Whinby Rd. *Dod* —7H **9**
Whin Gdns. *Thurn* —6H **15**
Whin La. *Silk* —1B **18**
Whinmoor Clo. *Silk* —6D **8**
Whinmoor Ct. *Silk* —6D **8**
Whinmoor Dri. *Silk* —6D **8**
Whin Moor La. *Silk* —7A **8**
Whinmoor View. *Silk* —6D **8**
Whinmoor Way. *Silk* —6D **8**
Whinside Cres. *Thurn* —6G **15**
White Cross Av. *Cud* —2D **12**
White Cross Ct. *Cud* —2D **12**
White Cross La. *Wors* —3K **21**
White Cross Rise. *Wors* —3K **21**
White Cross Rd. *Cud* —2D **12**
White Hill Av. *Barn* —6A **10**
White Hill Gro. *Barn* —6B **10**
White Hill Ter. *Barn* —6A **10**
Whitewood Clo. *Barn* —3H **5**
Whitworth Bldgs. Thurn —7J **15**
(off Clarke St.)
Whitworth St. *Gold* —3J **25**
Whyn View. *Thurn* —7G **15**
Wigfield Dri. *Wors* —3F **21**
Wike Rd. *Barn* —5A **12**
Wilbrook Rise. *Barn* —3A **10**
Wilby La. *Barn* —7G **11**
Wilford Rd. *Barn* —5E **4**
Wilfred Ter. *Barn* —7E **10**
Wilkinson Rd. *Els* —4C **28**
Wilkinson St. *Barn* —7F **11**
William St. *Gold* —3G **25**
William St. *Wom* —5E **22**
William St. *Wors* —3G **21**
Willman Rd. *Barn* —4B **12**

Willow Bank. *Barn* —2D **10**
(in two parts)
Willowbrook Rd. *Map* —6A **4**
Willow Clo. *Cud* —7D **6**
Willow Clo. *Hoy* —4J **27**
Willowcroft. *Bolt D* —7F **25**
Willow Dene Rd. *Grime* —7J **7**
Willow La. *Bolt D* —7H **25**
Willow La. *Pen* —6K **17**
Willow Rd. *Thurn* —6H **15**
Willows, The. *Darf* —3J **23**
Willows, The. *Oxs* —7K **17**
Willow St. *Barn* —7D **10**
Wilsden Gro. *Barn* —4B **10**
Wilson Av. *Pen* —6F **17**
Wilson Gro. *Barn* —3A **12**
Wilson St. *Wom* —5D **22**
Wilson Wlk. *Dod* —2A **20**
Wilthorpe Av. *Barn* —3C **10**
Wilthorpe Cres. *Barn* —3C **10**
Wilthorpe Farm Rd. *Barn* —3C **10**
Wilthorpe Grn. *Barn* —3C **10**
Wilthorpe La. *Barn* —3B **10**
Wilthorpe Rd. *Barn* —3A **10**
Winchester Way. *Barn* —1C **22**
Windermere Av. *Gold* —4J **25**
Windermere Rd. *Barn* —6G **11**
Windermere Rd. *Pen* —4F **17**
Winders Pl. *Wom* —6F **23**
Windham Clo. *Barn* —4F **11**
Windhill Av. *Dart* —3A **4**
Windhill Cres. *Dart* —3A **4**
Windhill Dri. *Dart* —3A **4**
Windhill La. *Dart* —3K **3**
Windhill Mt. *Dart* —3A **4**
Windmill Av. *Grime* —6H **7**
Windmill La. *Thurl* —5C **16**
Windmill Rd. *Wom* —6D **22**
Windmill Ter. *Roys* —1H **5**
Windsor Av. *Dart* —6G **3**
Windsor Av. *Thurl* —4C **16**
Windsor Ct. *Thurn* —7J **15**
Windsor Cres. *Barn* —4H **11**
Windsor Cres. *Lit H* —1B **24**
Windsor Dri. *Dod* —1K **19**
Windsor Sq. *Thurn* —7J **15**
Windsor St. *Hoy* —3K **27**
Windsor St. *Thurn* —7J **15**
Wingfield Rd. *Barn* —1G **11**
Winmarith Ct. *Roys* —3H **5**
Winster Clo. *Bird* —1F **27**
Winter Av. *Barn* —5C **10**
Winter Av. *Roys* —1J **5**
Winter Rd. *Barn* —5C **10**
Winter Ter. *Barn* —5C **10**
Winton Clo. *Barn* —1G **21**
Witham Ct. *Hghm* —4J **9**
Withens Ct. *Map* —5A **4**
Woburn Pl. *Dod* —2K **19**
Wollaton Clo. *Barn* —6E **4**
Wombwell La. *Barn & Wom* —1A **22**
Wombwell La. *Hoy* —6K **21**
Wombwell Rd. *Hoy* —2A **28**
Woodcock Rd. *Hoy* —4A **28**
Wood End Av. *Cub* —7E **16**
Woodfield Clo. *Darf* —2J **23**
Woodfield Rd. *Wath D* —3K **29**
Woodhall Flats. *Darf* —2J **23**
Woodhall Rd. *Darf* —2J **23**
Woodhead Dri. *B Hill* —7K **21**
Woodhead La. *Hoy* —6A **22**

Woodhouse La. *Wool* —1A **4**
Woodhouse Rd. *Hoy* —4A **28**
Woodland Dri. *Barn* —7B **10**
Woodland Rise. *Silk C* —3E **18**
Woodlands Rd. *Hoy* —1A **28**
Woodlands View. *Gt H* —5C **14**
Woodlands View. *Hoy* —2A **28**
Woodlands View. *Wom* —1C **30**
Woodland Ter. *Grime* —2K **13**
Woodland View. *Cud* —2D **12**
Woodland View. *Silk C* —3D **18**
Woodland Vs. *Tank* —4E **26**
Wood La. *Barn* —4E **4**
Wood La. *Carl* —4G **5**
(in two parts)
Wood La. *Grime* —1J **13**
Woodmoor St. *Barn* —6K **5**
Woodroyd Av. *Barn* —5J **5**
Woodroyd Clo. *Barn* —5J **5**
Woodstock Rd. *Barn* —3D **10**
Wood St. *Barn* —7E **10**
Wood St. *S Hien* —1G **7**
Wood St. *Wom* —6E **22**
Wood Syke. *Dod* —1A **20**
Wood View. *Bird* —3F **27**
Wood View. *Els* —4C **28**
Wood View La. *Barn* —4B **10**
Wood Wlk. *Hoy & Wom* —1A **28**
Wooley Av. *Wom* —6E **22**
Woolley Colliery Rd. *Dart* —5J **3**
Woolley Edge La. *Wool* —1J **3**
Woolstocks La. *Caw* —4C **8**
Wordsworth Av. *Pen* —6E **16**
Wordsworth Rd. *Barn* —3H **11**
Wordsworth Rd. *Wath D* —2K **29**
Work Bank La. *Thurl* —4C **16**
Worral Clo. *Wors* —2F **21**
Worsbrough Rd. *Bird* —1F **27**
Worsbrough Rd. *B Hill* —7K **21**
Worsbrough View. *Tank* —3D **26**
Worsley Clo. *Barn* —2H **21**
Wortley Av. *Wom* —3D **22**
Wortley St. *Barn* —6E **10**
Wortley View. *B Hill* —7K **21**
Wrelton Clo. *Roys* —3H **5**
Wrens Way. *Bird* —1F **27**
Wren View. *Barn* —1F **21**
Wright Cres. *Wom* —6F **23**
Wycombe St. *Barn* —5A **12**
Wyn Gro. *Brmp* —1J **29**
Wynmoor Cres. *Brmp* —2J **29**

Yewdale. *Wors* —3H **21**
Yews Av. *Wors* —3H **21**
Yews La. *Wors* —3H **21**
Yews Pl. *Barn* —1H **21**
York St. *Barn* —6E **10**
York St. *Cud* —1C **12**
York St. *Hoy* —2A **28**
York St. *Thurn* —6J **15**
York St. *Wom* —5F **23**
York Ter. Thurn —7J **15**
(off Chapman St.)
Yvonne Gro. *Wom* —5D **22**

Zetland Rd. *Els* —4D **28**
Zion Dri. *Map* —5B **4**
Zion Ter. *Barn* —1A **22**